KINDEREN

Kinderen

Meer dan honderd gedichten
over hun wondere wereld
verzameld en toegelicht
door Willem Wilmink

1996   Ooievaar   Amsterdam

Eerste druk 1994
Derde druk 1996

Het copyright op de afzonderlijke gedichten berust bij de auteurs
en/of hun rechtsopvolgers
© 1994 Samenstelling, woord vooraf en toelichtingen Willem Wilmink
Omslagontwerp Erik Prinsen, Inízio
Voor het omslag is gebruik gemaakt van *Der Schmetterlingsfänger* van Ernst Stückelber
ISBN 90 5713 001 7

Woord vooraf

'Kind' is een wonderlijk woord. Iemand kan zeggen 'mijn jongste kind is achtenzestig' en in die zin is wie zijn beide ouders nog niet verloren heeft nog een kind en is een wees, hoe jong ook, al geen kind meer.

In de beroemde uit de middeleeuwen overgeleverde ballade van de twee koningskinderen is 'kind' weer enigszins anders gebruikt, maar ook die twee zijn allang uit hun kindertijd en daarom komt de ballade in deze bloemlezing niet voor.

In dit boek is een kind een kind tot het langzaam overgaat in het ook voor zichzelf onbegrijpelijke wezen dat puber heet.

Er is in de schilderkunst van de late middeleeuwen al enige aandacht voor kinderen: Bruegel schildert ze in hun spelen, maar ze zien er bij hem zo ouwelijk en ook zo bitter-ernstig uit. Onze zeventiende-eeuwse schilderkunst, die over het algemeen in de volkstoon bleef en zich van de renaissancistische mode niets aantrok, gaf ons een heleboel schitterende kinderportretten, getuigend van een inzicht in de kinderziel waar we niets van terugvinden in wat over kinderen werd *geschreven*, met Vondels aangrijpende gedicht over de dood van zijn dochtertje als een van de zeer weinige uitzonderingen.

De eerste die een kinderlijke denk- en gevoelswereld uitvoerig in onze taal weergaf, was Hieronymus van Alphen. Hij was zo bescheiden om in zijn voorwoord bij de *Proeve van kleine gedigten voor kinderen* (1778-1782) zijn Duitse voorbeelden te noemen, zodat hij in de literatuurgeschiedenis nog steeds als navolger geldt. Dat hij zijn voorbeelden naar inhoud en vorm ver overtreft, wordt nooit vermeld.

Onder 'kinderpoëzie' kan men verstaan; poëzie voor, van of over kinderen. Van Alphen schreef de eerste soort. Poëzie *van* kinderen

kan prachtig zijn, zoals dit gedicht van een klein meisje genaamd
Bina (in een bloemlezing van Paula Gomes):

> Miep droomt van een spook
> de moeder en de vader zitten
> aan de tafel en een spook
> komt bij Miep
> de poes had zo'n slaap
> maar moest op het spook letten.

Een poes is voor een kind een geruststellend beest en in dit gedicht
doorbreekt dat beest de ban: wat eerst onontkoombaar was, wordt
nu door de verleden tijd ('had', 'moest') op afstand gezet, is alleen
nog maar een verhaaltje, iets als 'ik was vadertje en jij was moe-
dertje'. Dit is erg mooi, maar het kan door de leeftijdgenootjes van
Bina onmogelijk op waarde geschat worden. Bina schreef alleen
voor zichzelf en een eventuele oplettende volwassene. Om voor
haar en haar klasgenoten te kunnen schrijven, moet je ouder zijn
en bijvoorbeeld Van Alphen, Heije, Goeverneur of Schmidt heten.

Van poëzie *van* kinderen bestaan nogal wat bloemlezingen,
waarin de hoogtepunten toch altijd iets hebben van toevalstref-
fers.

Poëzie *voor* kinderen is een aantal keren uitstekend gebloem-
leesd door uitgeverij Querido.

Poëzie *over* kinderen en dan, uitzonderingen niet te na gespro-
ken, niet speciaal voor hen bestemd, vinden we in het mooie boek
Het kind in de poëzie (1935) van Dirk Coster. Zelf waagde ik met
Fetze Pijlman ook eens een poging in die richting en hierbij doe ik
dat veel uitvoeriger, met onderwerpen als het dagelijks bedrijf van
kinderen, de relatie van ouder tot kind, fabriekskinderen, opvoe-
ding in de Heer en het kind dat de kindertijd ontgroeit.

De bloemlezing eindigt daar waar ze begon: met Sinterklaas. Ik
heb de gedichten van commentaar voorzien waar ik vond dat er

tot goed begrip iets verklaard moest worden of waar ik mijn persoonlijke verhouding tot het gedicht en de geschiedenis van die verhouding niet voor mezelf wilde houden.

INHOUD

GODS WIJZE LIEFDE —

OPVOEDING IN DE HEER

VIEL VANDAAG DE TOREN OM —

DE BETOVERDE WERELD

TIJD VLIEGT —

OP WEG NAAR VOLWASSENHEID

O, kom eens kijken
Het dagelijks bedrijf van kinderen

KATH. LEOPOLD
Zes December

meisjes O, kom eens kijken,
    Wat ik in mijn schoentje vind,
    Alles gekregen
    Van de beste Sint:
    Een pop met vlechten in het haar,
    Een snoezig jurkje, kant en klaar,
    Drie kaatseballen in een net,
    Een letter van banket!
    O, kom eens kijken,
    Wat ik in mijn schoentje vind,
    Alles gekregen
    Van de beste Sint.

jongens O, kom eens kijken,
    Wat ik in mijn schoentje vind,
    Alles gekregen
    Van de beste Sint:
    Een bromtol met een zweep er bij,
    Een doos met blokken ook voor mij,
    En, heerlijk toch, een nieuwe pet!
    Een letter van banket!
    O, kom eens kijken,
    Wat ik in mijn schoentje vind,
    Alles gekregen
    Van de beste Sint.

Als kind vond ik dit het mooiste Sinterklaasliedje. De 'volksmond' heeft in de eerste regel vanwege de zingbaarheid 'er' tussengevoegd en van 'de beste Sint' 'die beste Sint' gemaakt, om andere Sinten uit te sluiten. Zowel de jongen als het meisje krijgen een nieuw kledingstuk, maar de blijdschap van de jongen ('heerlijk toch') lijkt me huichelarij: hij zal, met Theo Thijssen, van mening zijn dat kleren krijgen met Sinterklaas nep is, omdat je die kleren tóch wel gekregen had. Een kostelijk detail is verder het onverbloemd hebberige *'ook* voor mij'.

De prachtige melodie is uit 1793 en van H.G. Nägeli, bij de tekst 'Freut euch des Lebens weil noch das Lämpchen glüht / pflücket die Rose eh' sie verblüht.' Het lied heeft betrekking op een andere traditie dan het 'heerlijk avondje': op dat avondje mocht hier de schoen worden gezet.

J.P. Heije
Sint-Nicolaas

Zie, de maan schijnt door de boomen,
 Makkers! staakt uw wild geraas;
't Heerlijk avendje is gekomen,
 't Avendje van Sint-Niclaas!
 Van verwachting klopt ons hart,
 Wie de koek krijgt, wie de gard!

o! Wat pret zal 't zijn te spelen
 Met dien bonten arlekijn!
Eerlijk zullen we alles deelen,
 Suikergoed en marsepijn;
 Maar, o wee! wat bittre smart,
 Kregen wij voor koek, een gard!

Doch ik vrees niet, dat wij klagen,
 Vader, Moeder zijn te goed!
Waren we ook niet alle dagen,
 Véle waren wij toch zoet!
 Ban dus vrij de vrees van 't hart,
 'k Wed, er ligt geen enkle gard!

———•———

Heije was arts, evenals J.J. Viotta, die dit en vele andere liederen van
hem op muziek zette. Het is dan ook uit medisch oogpunt dat de liederen
zo breed van opzet zijn: de kinderen uit de vochtige Amsterdamse
kelderwoningen moesten allemaal maar eens een flinke keel opzetten,
dat was goed voor hun longen, zo vonden die beide dokters.
 De tekst is door de tijd heen hier en daar wat veranderd en meestal
zijn die anoniem aangebrachte varianten inderdaad verbeteringen, die

de tekst zingbaarder maken.

In zekere zin is het lied een verlengstuk van de achttiende-eeuwse pedagogie, die vond dat men kinderen niks wijs mocht maken en daarom Sinterklaas naar het rijk der fabelen verwees: de kinderen in dit liedje weten donders goed dat niet de Sint, maar hun eigen vaders en moeders voor de keuze staan tussen suikergoed en roe. Dit is het enige Sinterklaasliedje mij bekend, waarin niet in de goedheiligman wordt geloofd.

ADRIAAN POIRTERS
Liedeken van Jesus en S. Janneken

Lestmael op eenen somerschen dagh,
Maer hoort wat ick bevallijcks sagh
Van Jesus en Sint Janneken,
Die speelden met een lammeken,
Al in dat groen gheklavert landt
Met een pap-schoteltjen in hun handt.

Die witte, vette voetjens die waren bloodt,
Hun lippekens als corael soo root,
De soete vette praterkens,
Die saten bij de waterkens,
Het sonneken dat scheen daer soo heet,
Sij deden malkanderen met melckxken bescheet.

D'een troetelde dat lammeken sijn hoot,
En d'ander kittelde het onder sijnen poot;
Het lammeken gingh springhen,
En Janneken gingh singhen,
En huppelde en trippelde deur de wey,
En dese crollebollekens die dansten alle bey.

En als het danssen was ghedaen,
Soo moest het lammeken eten gaen,
En Jesus gaf wat broeyken,
En Joannes gaf wat hoeyken,
Ter wereldt wasser noyt meerder vreught
Als dese twee cousijntjes waren verheught.

Joannes sijn cleijn neefken nam,
En sette hem boven op dat lam:
'Schoon manneken, ghij moet reyen,
Ick sal u t'huys gaen leyen,
Want Moyerken die sal zijn in pijn,
Waer dat wij soo langh ghebleven zijn.'

Sij saten en reden al over-handt,
En rolden en tuymelden in het sandt,
En dese twee cleyn jonghskens,
Die deden sulcke spronghskens,
En al de kinderkens saghen hen aen,
Tot datse ten lesten zijn t'huys ghegaen.

De Moeder die maeckte op staende voet
Van suycker en melck een pappeken soet;
Daer saten de twee babbaertjens,
Daer aten de twee slabbaertjens,
En waren soo vrolijck en soo blij,
Geen koninghs banquet en heefter bij.

Naer tafel soo danckten sij onsen Heer,
En vielen beyd' op hunne kniekens neer,
Maria gaf een cruyseken,
Daer toe een suycker huyseken,
En songh hen stillekens inden slaep,
En naer het stalleken gingh het schaep.

————•————

Spelende kinderen komen we in de schilderkunst sinds Bruegel al tegen,
maar in de literatuur zijn ze uitermate schaars met Vondels gedicht op
de dood van zijn dochtertje en dit gedicht van Poirters en Bredero's
kwajongens in zijn *Spaanschen Brabander* als misschien wel de bekendste

voorbeelden, waarbij Poirters' gedicht zijn bekendheid wellicht te danken heeft aan Dirk Coster, uit wiens prachtige bloemlezing *Het kind in de poëzie* ik het overnam.

J.P. Heije
Nieuwe klompjes

Mijn Kees-oom is een timmerman,
Daar is geen knapper op de werf;
Hij maakt in huis en op het erf
Al wat-je zien of denken kan;
Zijn hand is ruw, en grof zijn stem,
Maar 'k ben daarom niet bang voor hem.

Hij kneep me lestmaal in mijn oor
En zeî: 'Nu, als ge vlijtig leert,
'Uw' Vader en uw Moeder eert,
'Dan krijgt ge er wat op Kerstijd voor!'
En tintelde ook mijn oor er van,
Toch keek ik Kees-oom vriendlijk ân.

En denk 'reis wat hij heeft gebragt?...
Een nieuw paar klompjes, puik en net,
Met zilvren neusjes afgezet,
Gevoerd met witte schapenvacht...
En binnen in daar lag een brief,
Waar op stond: 'Voor mijn Neefje-lief!'

En Moeder zeî me, met een' lach:
'Nu ziet ge maar, mijn beste maat!
'Hoe of het zoete kindren gaat;
''k Hoop, dat je nu zoo blijven mag!'
En 'k gaf mijn Moeder-lief een' zoen
En zeî: dat ik mijn best zou doen!

Mijn eigen vrouw weet als timmermansdochter maar al te goed hoe hard de liefkozing van zo'n joviale ambachtsman kan aankomen. Een prachtig detail, in dit gedicht met zijn merkwaardige 'Kerstijd': één letter en daarmee een half jaar verwijderd van Christus' geboortefeest. 't Is een begrip dat uit het Nederlands verdween, maar uit het Frans allerminst: 'Quand nous en serons au temps des cerises...'

J.J.A. GOEVERNEUR
Het kind en de os
naar Wilhelm Hey

Kind
Heer os! gij trekt zo'n zuur gezicht,
Zeg me eens, wat gij toch wel verricht;
Leert ge ook misschien het a bé cé?

Os
Kind, daar bemoei ik mij niet mee.
Ik heb geen lust, om veel te weten,
Als ik maar gras heb en kan eten;
Ook loop ik vlijtig voor de ploeg
En heb het daarmee druk genoeg.

Het kind ging zitten in een hoek,
En leerde vlijtig in zijn boek;
Vriend os ging ook weer aan het werk
En trok de ploeg, want hij was sterk;
Dat deed hij blij en welgemoed,
Maar leren kon hij niet zo goed.

———•———

We zeggen geen 'gij' meer en ossen bestaan niet meer, maar verder is dit
gedicht van de zich Jan de Rijmer noemende Goeverneur zo nieuw en
fris van taal, dat het gisteren geschreven had kunnen zijn.

René Verbeeck
De dorpsschoolmeester

De meester!
dat klinkt klaar en fel
als de luide bel
die stuksloeg ons zorgeloos spel
en ons riep naar onze kinderplicht,
— of het trilt zangerig als de sprookjes
die hij alleen vertellen kon,
(schemering groeide uit iedere hoek
en in de stille klasse was zijn warme stem
een wisselkleurig licht...)

Zijn ogen blonken zacht
en zijn rug was kromgegroeid
van 't stage nederbuigen.
Zijn wijze handen kneedden
met Jobsgeduld
aan 't kleien beeld van ons gemoed;
hij was een groot kunstenaar
die van ons mensen maakte.

De vader was hij van zijn dorp,
geen huis of hij had er zijn deel
aan luide vreugde en verborgen leed.
Zijn wijsheid heeft hij gezocht
in eenvoud waar hij werd geboren
en de wijze wereld daarbuiten
in zijn atlas ontdekt.

Wij die hem overmoedig zijn voorbijgestreefd
in steden die van wijsheid barsten
hebben eenvoud weergevonden
onder de grijze toren
waar onze meester met zijn schoon groot hart
zacht rust.

———·———

Een gedicht dat in 1926 in Gent werd uitgegeven, met die
allerdierbaarste herinnering van zoveel mensen aan hun lagere school:
de meester die vertelt terwijl het langzaam donker wordt.

J.M.W. SCHELTEMA
Juf

Ik sta er iedere morgen
ze trekken langs me en groeten,
en geen is er van mij zelf.
Ze groeien omhoog met wat sproeten.
Ik zoek tevergeefs naar mijn evenbeeld,
trek mijn hand schielijk terug als zij even streelt,
want geen is er van mij zelf.
Ze lachen maar wat en ze smoezen
om mijn poeder, de kleur van mijn blouse.

———•———

L.Th. Lehmann karakteriseert in zijn inleiding bij *Chansons, gedichten en
studentenliederen* van de jong gestorven Scheltema diens werk als
studentenpoëzie, als die van Piet Paaltjens.

JUDITH HERZBERG
Rooster

Angst wordt het vroegste wakker. Wekt dan
verstand en plannen voor de dag,
die dekken hem nog even toe. Waarom
kan kalmte niet eens eerder opstaan, of
het verheugen, waarom is angst zo onbeheerst
zo ijverig?
        Juf juf ik was het eerstst.
Ja hoor dat heeft de juf gemerkt. Ga nou maar
rustig naar je plaats en praat niet voor je beurt.
Vanmiddag, bij geschiedenis, mag je
alles vertellen wat je weet, wat vroeger
is gebeurd.

———•———

Zo lichtvoetig als de middeleeuwse dichter Charles d'Orléans het
verdriet over zijn lange ballingschap verwoordde, zo doet ook Judith
Herzberg dat, eveneens met de gedachten als zelfstandige personen,
ditmaal in de rol van een schooljuffrouw met een klas drukke,
voordringende kinderen, van wie er een nog eerder wil zijn dan het
eerst: 'het eerstst'. Een fragment van Charles d'Orléans:

> L'ostellerie de Pensee,
> Plaine de venans et alans
> Soussis, soient petis ou grans,
> A chascun est habandonnee.

Logement van de gedachten, gasthuis vol komende en gaande
kopzorgen, grote en kleine: aan allemaal overgeleverd.

J.P. Heije
't Verdwaalde lam

Lammetje! loop je zoo eenzaam te blaten
     Over de hei?
Hoe kom je hier, zoo van allen verlaten?
  Bleef je niet liever daarginds op de wei?
  Lammetje! hier groeijen bloemen noch gras,
Hier is geen watertje, dat ge zoudt lusten,
Hier is geen schaduw om onder te rusten,....
  En als je dan nog zoo klein maar niet was!

— Kindren! ik had al zoo lang loopen spelen
     Ginds op de weî;
Altijd dat grazen begon te vervelen,
  'k Woû weleens zien hoe het was op de hei.
  Ach! nu verdwaalde ik al verder en meer,
'k Zoek er mijn moedertje, 'k zoek er mijn vrinden,
'k Zoek om wat gras en wat water te vinden:
  Was ik eens thuis, ik verliet het niet weêr! —

Schaapje! wij zullen den weg u wel leeren
     Over de hei,
Ga maar met ons en geen leed zal je deren,
  Zeker! wij brengen u weêr op de weî.
  Maar, maak dan voort, of wij laten je staan,
Moeten ziet zeker al uit, waar wij toeven,
Waarlijk, ik woû haar niet graag zóó bedroeven,
  Als gij uw moeder vandaag hebt gedaan!

M.J.E. Sanders schrijft in haar proefschrift *Van Hieronymus van Alphen tot Catharina van Rennes* (Een bijdrage tot de kennis van het Nederlandse kunstkinderlied van 1770-1940): 'van J.G. Bertelman (1782-1854) is een liedje bewaard gebleven, dat zelfs kinderen uit de 20ste eeuw nog tot tranen kan roeren. Dit liedje, op een tekst van HEYE, "Lammetje, loop je zo eenzaam te dwalen" komt ook voor in de laatste druk van *Kun je nog zingen* voor jonge kinderen.' Ze citeert kennelijk uit het hoofd, dus verkeerd, maar 'tot tranen kan roeren' kan ik van harte bevestigen.

M. MOUSSORGSKY
Slaapliedje voor de lappenpop Tjapa

Tjapa, welterusten,
Tjapa, jij moet slapen,
Tjapa, doe je ogen dicht.
Tjapa. Sst... slapen!

Tjapa, jij moet slapen,
straks komt Bullebak,
stopt jou in een zak,
om je op te vreten.

Tjapa, jij moet slapen.
Ga me maar vertellen
van dat mooie droomland:
het tovereiland
met zijn grote boomgaard,
en daar groeien peren,
o, wat zijn ze sappig,
en de gouden vogel
zingt er toch zo grappig.

Da-ag, welterusten,
da-ag, dag, Tjapa.

———•———

Deze grote Russische componist was ook een groot dichter. Met behulp
van een Engelse en een Franse tekst en van een Russische mevrouw
vertaalde ik *De kinderkamer* (± 1870), waarvan dit gedicht deel
uitmaakt. De charme van de tekst én van de muziek is het uiterst korte
tijdsbestek waarin de tegenstrijdige pedagogische maatregelen van

geruststellen en dreigen en weer geruststellen zich voltrekken. Het lied is een (door het kind niet, door de auteur wel bedoelde) parodie op ouders die hun geduld verliezen om zichzelf vervolgens weer tot de orde te roepen. Hoor je de muziek erbij, dan merk je dat het kind tegelijk met de pop in slaap valt.

WILLEM WILMINK
Slaapliedje

Het schaap heeft slaap,
de koe is moe,
het varken doet
zijn oogjes toe.

Het paard kijkt over
't prikkeldraad
en denkt: Het is
ontzettend laat.

De kip zegt zacht
nog één keer: 'Tok.'
En ach, daar slaapt ze
op haar stok.

De boer kruipt ook
het bed maar in,
lekker dicht
bij zijn boerin.

———•———

Na het spaaklopen van mijn eerste huwelijk vond ik een tijdje onderdak
bij wie toen nog net mijn schoonouders waren. Daar schreef ik dit liedje,
als een stil protest tegen de ingewikkeldheid van mijn eigen leven in die
dagen.

Lieve Ari wees niet bang
Ouders en kinderen

JULES DEELDER
Voor Ari

Lieve Ari
Wees niet bang

De wereld is rond
en dat istie al lang

De mensen zijn goed
De mensen zijn slecht

Maar ze gaan allen
dezelfde weg

Hoe langer je leeft
hoe korter het duurt

Je komt uit het water
en gaat door het vuur

Daarom lieve Ari
Wees niet bang

De wereld draait rond
en dat doettie nog lang

———•———

Dit prachtige gedicht van Deelder voor zijn dochtertje Ari lijkt op één
plek nog vrij moeilijk: 'Daarom' moet je niet bang zijn, juist daarom
niet, omdat je door het vuur gaat? Maar de implicatie is: dat overkomt
iedereen, ik ben daar ook doorheen gemoeten en ik ben nu toch fijn bij

jou, want alles komt weer goed.

Hoe ouder je wordt, hoe sneller de dagen gaan: in je kinderjaren leek de weg van Sinterklaas tot Kerst heel erg lang, nu doe je de inkopen voor die beide feesten al zowat in één keer.

Nocturne

Die swewende maanlig lê yl rondom ons
en glim op jou voorhoof soos perskedons

en blink soos 'n skulp aan die waterkant
in die sorglose holte van jou hand

en gly langs jou trillende wimpers en raak
aan die sagte duik wat jou slape maak

en vou om jou ooglede warm en rond
en skuil in die skaduwee onder jou mond.

'n Kind se gestalte is soepel en teer,
so sorgsaam en smetteloos geboetseer,

vir die dag en die lewe so onbereid
in suiwere selfgenoegsaamheid

dat ek soms in 'n heldere maannag vrees
dat jy deel van 'n droom se verraad moet wees.

———•———

Dit gedicht met zijn sterke slotregels (het kindje dat te mooi is om waar
te zijn) hoort tot het vroege werk van de dichteres en verraadt dan ook
nog invloed, en wel van Nijhoff (*De kinderkruistocht*):

> Het hart van een kind is zoo warm en los,
> (...)
> Zoo buiten de wereld en roekeloos,
> (...)
> Dat ze gingen en zelfs geen afscheid namen.

Eens zag ik een vrouw op den drempel
van een hut in avondzon staan,
zij speelde met haar kindje
en moedigde 't lachend aan
— want het probeerde te loopen —
en riep het, en lachte weer,
toen deed zij haar armen open
en knielde, het opvangend, neer.
En ja, ik zag den band
en zag het hart, open en zacht
als een bloem als een roos ontloken,
geurig... En in den nacht
voelde ik een handje op mijn borst
en een mondje dat dronk uit mij
en bezat u in droom mijn kind,
maar met morgenrood dreeft ge voorbij,
ik hoorde de merels zingen
in het koele grijze licht
en verwonderde mij hoe te tillen
den dag en zijn gewicht.
Vreemd dat de rook van een droom
hangt over den dag zoo zwaar...

———•———

De dichteres bleef kinderloos en in het gedicht waar dit fragment deel
van uitmaakt vraagt ze zich af of ze, bij al haar inzet voor het
socialisme, niet toch het meest wezenlijke in haar bestaan gemist heeft.
De arbeidersvrouwen met wie ze haar idealen heeft besproken zeggen
dan wel 'dat deed ons goed / ja er is nog een ander bestaan', maar er

had ook een ander bestaan kunnen zijn voor haar die hun kinderen op
de knie nam en zich afvraagt:

> toonden ze 't blijde niet
> om mij niet afgunstig te maken
> of heimlijkten ze een verdriet
> en benijdden mij 't vrije en weten?

MARTINUS NIJHOFF
Aan mijn kind, II

Ik heb vannacht zoo'n vreemden droom gehad:
Het was al dag toen 'k wakker werd gemaakt,
Een kleine man, die op mijn deken zat,
Lachte mij toe en had mij aangeraakt.

Hij had de beenen onder zich gekruist,
Zijn oud gelaat was van rimpeltjes vol,
Maar mond en oogen lachten. In zijn vuist
Hield hij den steel vast van een parasol.

Die breidde boven ons het groote doek,
Waar iedre bloem en waar elk ding op stond,
Een snoer van bellen hing in iedren hoek —
Hij lachte en draaide 't scherm rinkelend rond.

Daar was een tuin, die onder zonlicht lag,
— Wij zaten naast elkaar op 't bed te zwijgen —
Er woei een geur van bloemen, en ik zag
Een zwerm van vogels naar de zon toe stijgen.

Was het een droom, of was het werkelijkheid?
Kunnen er zulke dingen niet gebeuren?
O had ik in mijn droomen maar altijd
Een parasol van wonderen en kleuren. —

Ik heb mijn handen om zijn hoofd gelegd,
Ik heb maar stil zijn blonde haar gestreken.
Hij vroeg mij weer, maar ik heb niets gezegd,
Daar teere woorden stuk gaan bij het spreken.

Jongen, hebben we niet hetzelfde bloed?
Zie hoe mijn handen hunkren naar je haren —
Er is maar één hoop die mij leven doet:
Dat jij de droomen droomt, die mijne waren.

———•———

Pas uit de varianten bij dit gedicht is me duidelijk geworden wat je uit het gedicht zelf ook, maar moeilijker op kunt maken: 'Hij vroeg mij weer' slaat op de vragen: 'Was het een droom, of was het werkelijkheid?' en 'Kunnen er zulke dingen niet gebeuren?' In het gedicht zijn twee personen aan het woord: het kind dat in de titel genoemd wordt, blijkens 'zijn hoofd' een jongen, en de vader, die in de twee laatste strofen van het *gedicht* zijn commentaar geeft, maar in de door het gedicht opgeroepen *werkelijkheid* blijft zwijgen.

LUCEBERT
Hoop op iwosyg

Daar zit de kleine iwosyg
Een giftige walgvogel
In zijn fris gewassen doedelzak
Is hij droevig en vrolijk
Is hij dromend en wroetend
In zijn geliefkoosde bloemen
Is hij wroetend of vrolijk

Hij heeft een raaf gegeten
En een kwakende koptelefoon
In een lammertjesleerboek
Heeft hij gelezen

Het is hem ernst als een rasp
Die een gebogen mussenveertje bijvijlt
Met zijn beide handen
Denken zijn ogen en oren
Over hoeveel jaren nadato nadaden
Zal hij een onzelieveheersbaasje
Een zindelijk sieraad zijn in de wereld?

Nu nog zit hier iwosyg
Met zijn spruitjes strottenhoofd
Hoog opgestoken uit
Zijn nestharen stem en zegt:

Tut tut (i.e.
Welterusten)

Lucebert associeert hier kennelijk met behulp van het woordenboek, waar we niet ver onder *dodo* (is: walgvogel) het woord *doedelzak* aantreffen. Het kind in zijn ongecoördineerde staat en huizend in kruippakje en luier als in een doedelzak, is nog zeer ver verwijderd van de christelijk-historische heer die er toch ooit eens uit hem zal moeten groeien.

ELISABETH EYBERS
Jong seun

> Why were we crucified into sex?
> Why were we not left rounded off,
> and finished in ourselves?
>
> D.H. LAWRENCE

Die seun klim druipend uit die bad,
sy hele lyf is gaaf en glad

en heel tot in die holte van
sy nael waaroor 'n seepbel span.

Strak ledemate, ribbekas
hoekig en hard soos 'n kuras,

handdoek in hand staan hy bereid,
gerig en toegerus tot stryd.

Tog, onvolkome afgerond,
hoe sal die lewe hom nog wond:

in sy Achilleskern vind
hy geen beskutting — man of kind:

geheg aan die benedebuik
waar blink haarrankies reeds ontluik,

deuraar, teer soos 'n ooglid, sag
soos murg, hang weerloos die geslag.

Achilles werd als klein kind door zijn moeder in een rivier gedompeld die hem onkwetsbaar moest maken, maar zijn moeder hield hem vast aan een hiel en die plek zou hem fataal worden. Voor alle andere mensen is dat kleine verschil tussen de seksen, dat zich niet ver onder de navel bevindt, de zwakke plek.

JULES DEELDER
Interbellum

We lopen langs het stille strand
De lucht staat strak

Scheve bunkers in het zand
De oorlog zwijgt

Opkomend tij
M'n moeder pakt me bij m'n hand

Ik ben niet bang
Wel klein

Die merkwaardige Deelder, 'nachtburgemeester van Rotterdam' en
vurig aanhanger van Sparta, kan een prachtige dichter zijn. Hoe
vreemd de dingen zijn die je met woordjes als 'maar' en 'wel' kunt doen,
heeft de dichter Jan Hanlo al eens fraai beschreven. In 'hij is niet rijk,
wel bemiddeld' hebben 'rijk' en 'bemiddeld' iets in hun betekenis met
elkaar gemeen: het hebben van geld. Maar wat is die grootste gemene
deler bij 'bang' en 'klein'? Toch voel je meteen aan dat het er goed staat,
zoals het er staat.

'Interbellum' is vreemd voor een gedicht van na de tweede
wereldoorlog, want het betekent: 'periode tussen twee oorlogen'. Hangt
de dreiging van een derde wereldoorlog hier in de lucht?

HANS DORRESTIJN
De bezorgde vader

Ik heb een kind dat wil ik houden.

Kinderen horen niet te sterven.
Maar het gebeurt: door autoband of vuur,
door staal, door glas (in splinters of aan scherven)
door mensenhanden, uur na uur.

Zoveel duizend mogelijkheden
en ik heb aanleg voor het visioen.
Ik moet veel tijd en energie besteden
aan wat de Dood hem aan kan doen.

Ik ben iemand die zichzelf moet temmen.
Ik ga toch al door de hel.
Mijn bezorgdheid heeft geen remmen.
Men zegt mij: brommers, auto's wel.

Maar mijn bezorgdheid heeft geen remmen.
Demp elk kanaal en elke sloot!
Twee jaar is hij, hij kan niet zwemmen.
Ik wil niet zijn verdrinkingsdood.

Overwoeker gras de wegen.
Verhinder onkruid elk verkeer.
Ik heb een zoon van twee gekregen
en zijn leven is zo teer.

En het noodweer dient verboden.
Bliksem, rukwind, wat niet al.
Want ieder noodweer eist zijn doden.
Hoe licht komt er een boom ten val?

Wie mij bemint die dooft de vuren.
Geen laswerk, waakvlam, haard of gas.
Opdat niet mijn zoontjes laatste uren
het werk van uw handen was.

Ik heb een kind dat wil ik houden.

———•———

In zijn houterigheid heel functioneel is de strofe waarin het gras
verzocht wordt de wegen te overwoekeren en het onkruid wordt
gesmeekt om het snelverkeer onmogelijk te maken: hoe machteloos is de
vader. En dan: 'een zoon van twee gekregen', alsof niet de moeder, maar
de vader van dat kind beviel en alsof die bevalling nog maar net achter
de rug is.

Koos Schuur
Het kind en ik

Wanneer des nachts de donkre vogels komen
en ons weer wekken met hun stalen stem,
roept hij heel zacht mijn naam en zeg ik hem
dat het weer nacht is en wij samen droomen.

Beneden op de trap is alles duister;
daar zit hij op mijn knie en luistert hij
naar wat mijn stem nog liegen kan, waarbij
het dreunen wedijvert met mijn gefluister.

'Slaan ze de trom, Koos, zijn het de kabouters
die weer een optocht houden door de straat?
Ziet de politie hen dan niet, die stouters?'

Geef mij vannacht — dat ik mij niet verraad —
voor deze schande weer een nieuwe leugen
die voor dit slaapzwaar kind, god, nog kan deugen!

———•———

Begin april 1994 stierf een man genaamd Kent: de componist van 'There
are blue birds over / The white cliffs of Dover': vogels, net als in dit
gedicht het symbool voor de geallieerde vliegtuigen.

ANTHONIE DONKER
De vader en het kind

Zij zijn dezen morgen uitgegaan, voor het eerst,
de vader en het kind.
Maandenlang heeft hem de twijfel beheerscht
of hij het wint,
of hij beter zal worden.
Anderen zag hij langzamerhand
moe en hoestend verworden.
Het kind rukt spelende aan zijn hand.
Hij denkt aan zijn zieke longen,
aan de fonk'lende sneeuw, aan de zon.
Zijn beenen wegen als lood.
Wandelend denkt hij aan den dood.
En de stem van zijn kleinen jongen
Heeft zóó juichende: vader gezongen,
dat hij snel de oogen sloot.

———•———

De dichter heeft om te genezen van TBC in Davos gekuurd en veel van
zijn gedichten, zoals ook de twee in dit boek, hebben betrekking op die
ziekte en dat verblijf.

M. VASALIS
Thuiskomst van de kinderen

Als grote bloemen komen zij uit 't blauwe duister.
Onder de frisheid van de avondlucht
waarmee hun haren en hun wangen
licht zijn omhangen,
zijn zij zo warm. Gevangen
door 't sterke klemmen van hun zachte armen,
zie ik de volle schaduwloze liefde,
die op de bodem van hun diep-doorzichtige ogen leeft.
Nog onvermengd met menselijk erbarmen,
dat later komt — en redenen en grenzen heeft.

———·———

Op grond van ander werk van Vasalis zou je geneigd kunnen zijn om de beginregel niet te lezen als 'ze komen uit het duister zoals grote bloemen uit het duister komen', maar als 'ze lijken op grote bloemen terwijl ze uit het duister komen'. Dus voor de grammatici onder ons: niet als een bijwoordelijke bepaling, maar als een bepaling van gesteldheid. Haar 'de bus rijdt als een kamer door de nacht' moet je immers ook niet lezen als 'de bus rijdt door de nacht zoals kamers door de nacht rijden'. Maar het ene gedicht vanuit het andere interpreteren is een dubieuze bezigheid en je kunt wel degelijk de indruk hebben dat bloemen je uit het duister tegemoetkomen, in het licht van een lantaren bijvoorbeeld.

Het slot van het gedicht is hoe dan ook typisch Vasalis, met die heen- en weer-beweging: nog *zonder* erbarmen, dat *zonder* grootmoedigheid is.

Hij knoopt, om 't licht te temperen voor 't kind
dat in zijn bedje zich ligt om te keren,
een zakdoek om de peer heen, en begint
doodstil zich voor de wastafel te scheren.

De vrouw, zich slapend houdend, hoort zich zweren
dat zij beminnen zal wat zij bemint:
o licht, wees vuur, ontsteek de morgenwind
opdat de ziel tot het vlees toe vertere.

Hij ziet dat zij het voorhoofd fronst; haar hand
balt zich; deze is zijn vrouw, zij huilt; hij ziet
diep, diep de spiegel in, hun huis in brand;

hij ziet dat, eens, en of hij wil of niet,
in weerwil van zijn vrees zijn wens geschiedt:
hij, zij en 't kind trekkend naar ander land.

Dit is een van de acht sonnetten van de nooit gebundelde reeks *Voor dag
en dauw*. De man vreest en hoopt, wil en wil niet dat er een eind komt
aan deze situatie, met een vrouw die niet meer echt kiest voor diegene
die haar, gesteund door wet en burgerlijke stand, pleegt te liefkozen. Het
oude moet verbrand, vernietigd worden opdat er 'nieuwe hemelen en
een nieuwe aarde' kunnen ontstaan (*Jesaja* 65:17). 'Ook zal Hij verteren
de heerlijkheid zijns wouds en zijns vruchtbaren velds; van de ziel af, tot
het vlees toe' (*Jesaja* 10:18). In *De pen op papier* droomt Nijhoff zich een

herontmoeting met zijn zoontje, dat in bed ligt te slapen: 'met enige verbazing zocht ik langs de indruk die zijn lichaam onder de dekens maakte naar zijn voeten omlaag, en vond die verder dan ik gedacht had. —'

MARTINUS NIJHOFF / EDGAR LEE MASTERS
Elsa Wertman

Ik was een boerenmeisje uit Duitsland,
had blauwe ogen, rode wangen en was gelukkig en sterk.
Mijn eerste betrekking was bij meneer en mevrouw Greene.
Op een zomerdag, toen mevrouw uit was,
sloop meneer de keuken in, sloeg plotseling
zijn armen om mij heen en kuste mij op mijn keel.
Het maakte me duizelig, en geen van ons beiden
scheen toen te begrijpen wat er eigenlijk gebeurde.
Later wist ik geen raad meer en huilde, huilde
toen ik mijn geheim niet langer kon verbergen.
Op een dag zei mevrouw Greene dat ze alles begreep,
maar dat ze het mij niet lastig zou maken,
en, omdat ze zelf geen kind had, het mijne zou aannemen.
Hij had een buitenhuis voor haar gekocht waarin zij zich zou
          terugtrekken.
Daaruit kwam zij niet meer te voorschijn en strooide geruchten
          rond
alsof wat er gebeuren ging met haar gebeurde.
Het lukte, het kind werd geboren en de Greene's waren erg
          vriendelijk voor me.
Naderhand trouwde ik met Guus Wertman en tientallen jaren
          gingen voorbij.
Maar als, bij politieke betogingen, de omstanders soms dachten
dat ik huilde om de welsprekendheid van de jonge Hamilton
          Greene,
dan vergisten zij zich.
Nee! Ik huilde, omdat ik dan zo graag had willen roepen:
Dat is mijn zoon! Dat is mijn zoon!

Nijhoff vertaalde voor zijn tweede vrouw, de voordrachtskunstenares Georgette Hagedoorn, een aantal gedichten uit *Spoon River Anthology* (1915) van Edgar Lee Masters. In deze bundel vol breed uitgewerkte grafschriften, biografietjes die op alle mogelijke manieren in elkaar grijpen, gaf Masters de 'petite histoire' met alle banaliteiten en alle dramatiek van een provinciestadje in de Verenigde Staten van Amerika. Het boek is de grote inspiratiebron geweest van Dylan Thomas' *Under Milkwood*.

Kamelen in de sneeuw
Portretten van kinderen

ANNIE M.G. SCHMIDT
December in de stad

Er zat een wollen kindje in de trem
met wollen voetjes op de bank te spelen.
Hij had een prentenboek, met drie kamelen.
Kamelen in de sneeuw. Het was van hem.

Grijze gedachten hingen om ons heen,
van al die mensen die er zaten;
men kon ze horen zonder dat ze praatten.
Armzalige gedachten in lijn I.

Die van de boer. Uit Koog, of Krommenie?
Die van de juffrouw met de rode handen
en van de heer met veel te witte tanden
en van de dame met de petit-gris.

Er is geen geld. Z'n jas moet opgeperst.
Nou moet het uit zijn met die onderhuurder.
Konijn is nog te doen. Kalkoen is duurder.
En waar moet opa blijven met de kerst?

En iedere gedachte werd een ding.
Er is geen geld. Amerika. De Russen.
Ook mijn gedachte kringelde daartussen...
Kamelen in de sneeuw? Wat zonderling.

Er kwam een halte op een schemerplein.
Het kind werd aan z'n handje meegenomen;
ik zag hem buiten gaan. Onder de bomen.
Ik zag hem lopen, dapper, wit en klein.

De drie kamelen liepen voor hem uit
en losten langzaam op tegen het duister.
We reden weg. De tram was zonder luister
en natte sneeuw vervaagde aan de ruit.

———•———

Het grimmige korte zinnetje 'Het was van hem' vermeldt niets nieuws,
maar is in die schijnbare overbodigheid toch ter zake: denk maar niet
dat het kind zich zijn boek af laat pakken: hij en dat boek zijn een
autonome wereld. In de vierde strofe vormen konijn, kalkoen en opa een
haast kannibalistische opsomming van kerstslachtoffers. Een over één
kam scheren van ongelijksoortige dingen, een humoristisch procédé dat
we al in de eerste woorden van Heine's *Die Harzreise* aantreffen: 'Die
Stadt Göttingen, berühmt durch ihre Würste und Universität'.

Kamelen in de sneeuw zie je in kerststalletjes of op oude schilderijen
van Christus' geboorte, en verder nergens. Het kind brengt een blijde
boodschap. Maar wie koopt daar nog wat voor? Zelfs de ik niet.

HANS LODEIZEN
Langzaam

winter, jij bent een slechtaard
in de huizen verstop je je
als een kind zie ik je alle scholen
binnen hollen met je lichaam
in een tas o winter jij bent
een slechte meester

een klein beetje vuurwerk daarmee
ben ik tevreden o winter geef mij
wat vrolijkheid knip een stuk
van deze middag af gooi een sprookje
in het water van de nacht
o slechte meester

dag slechte winter, scharenslijper,
met geschramde knieën hol je
over de speelplaats als knikkers
uit de wolken van een hemel naar het blauwe
hemd waar het witte krijtje rijdt van
een slechte meester.

———•———

Het gedicht heeft als titel iets als een muziekaanduiding, wat ook bij J.H.
Leopold wel voorkomt. En net zomin als muziek is het begrijpelijk. Er is
een associatie met kinderen, die tassen dragen, haast groter dan ze zelf
zijn en boordevol huiswerk: wandelende tassen met een kinderhoofd
erboven. En tegen het eind van het gedicht kun je denken aan een
blauwe lucht, waaruit de wolken zijn opgelost in een hagelbui en waar

nu een vliegtuig zijn witte spoor trekt. Dat kan, maar hoeft niet, bij dit gedicht, dat rijmloos is en toch zo'n merkwaardig trefzekere vorm heeft. En maar drie komma's nodig heeft.

WILLEM WILMINK
Stille liedjes hoor ik graag

Dit denkt een doof kindje:

Ik kan je niet verstaan als je zo hard praat.
Dus ik begrijp er niks van en jij wordt kwaad.
Schreeuwen is een raar gezicht,
raar gezicht.
Dus doe die mond met tanden
maar heel gauw dicht.

De storm beweegt de bomen met veel gezwaai.
Wat heb ik toch een hekel aan dat lawaai.
Geef mij dan maar dat bloemenlied,
bloemenlied,
waarop je soms een vlinder
dansen ziet.

Ik weet nog van een keer dat ik slapen ging,
en moeder zong een liedje van lieveling,
o zo rustig en zo stil,
o zo stil
dat ik het nog kan horen
zo vaak ik wil.

De overgearticuleerde manier van praten van onze oud-bondscoach
Rinus Michels ontroert me altijd weer, omdat ik er een overblijfsel in
hoor uit de tijd dat hij gymnastiekleraar was aan de Amsterdamse
Ammanschool, een school voor doven en slechthorenden. Een van mijn

kinderen bracht daar vanwege een geboorteafwijking zijn eerste schooljaren door en liep er zijn taalachterstand in. Herinneringen uit die tijd verwerkte ik in mijn liedje van het dove kindje.

JAN HANLO
Het dak
voor R. en F.

Zij stonden te kijken 4-hoog op het dak
Ik zei dat zij gaan moesten anders vielen zij eraf
Een jongetje en een meisje ik kende ze niet
In een stad zijn de huizen extra hoog
: Als je eraf valt ben je zeker dood
Zij gehoorzaamden me en ze gingen weg
Maar toen ik wat later weer keek uit mijn raam
Stond het jongetje aan de uiterste rand van het dak
Hij staarde verstrooid langs zijn schoenen af
Tussen zijn schoenpunten door naar de diepte omlaag
Gedachte aan dood bevreemdde hem niet
Ik sprak nu streng Jochie ga van de rand
Ik zal het je vader en moeder gaan zeggen
Hij ging. Of zijn die niet thuis? Hij schudde het hoofd
Zij waren niet thuis. Later hoorde ik hun schommel op de zolder
          gaan
Zij schommelden lang en vrolijk samen
En zongen daarbij vrolijke liedjes

————•————

De halfrijmen 'dak/eraf', 'hoog/dood', 'dak/af' weerspiegelen de
hulpeloosheid van de volwassene tegenover de kinderwereld.

ED LEEFLANG
Het kind (2)

Met de Russische moederpop
speelt zij zeker een half uur lang:
wie hoort in wie, dat redt ze niet,
haar kleiner is kennelijk niet groter

toch nadert haar puberteit
en de kleuter komt al niet af

de Russische matrosjka,
van leeftijd tot leeftijd een
meisje dat haar eigen jongere
zuster baart en tot je de grootste
bent, blijf je verstopt in
wie je wordt

de Russische matrosjka,
waarom die haar zo bezig houdt;
dat de grote niet in de kleine kan,
hoe lang zij het ook probeert, ik
liep soms weg, zo heet kreeg ik
het en zo benauwd.

———•———

Waarom klein wel in groot kan en groot niet in klein, zal dit meisje nooit
bevatten.

De man had de kleine groep
kinderen die op de stoep
aan 't spelen waren bereikt. —

Het is vaak niet wat het lijkt,
hun spel: soms staan ze maar
en praten wat met elkaar,
de woorden zelf zijn plezier.
Dat van dit groepje van vier
er één een meisje was,
men ontdekte het pas
wanneer het oog er op viel
dat haar witte matrozenkiel
naar onder overliep tot
een plooirokje, als bij een Schot.
Eén der jongens stond met
zijn voet op een autoped
waarvan hij aantoonde dat
het richtingaanwijzers had.
'Daar wordt het geen auto door,'
zei de grootste in een plusfour.
'Van auto's gesproken,' zei
hij er medelijdend bij,
'hebben jullie er geen?' —
Het meisje zwaaide haar been
over het nikkelen stuur,
— alles aan haar was natuur:
het neusje iets opgewipt,
het haar als een jongen geknipt,
te argeloos nog voor fatsoen, —

'dat kan je bij de onze niet doen,'
zei ze, en zwaaide 't terug.
Met zijn handen op zijn rug
— waar kon hij ze hebben gedaan
met niets dan een badpakje aan? —
riep de kleinste: 'Belt die bel?'
De bel belde. En hij: 'Zie je wel,
bellen doen auto's niet.'
De bezitter, inmiddels, liet
met strak geworden gezicht
aldoor de vleugeltjes dicht
en klappend open slaan.
Een wonder is niet te weerstaan.
Niemand meer die iets zei.
Toen kwam de man voorbij.

———•———

Dit fragment zo rijk aan details uit de tweede en uiteindelijke versie van
Het uur u ziet er in de eerste versie hier en daar iets anders uit. Nog
afgezien van enkele varianten in de typografie: 'woorden puur voor
plezier.' werd: 'de woorden zelf zijn plezier.', 'waarachtig, men zag het
pas,' werd: 'men ontdekte het pas', 'dat de witte matrozenkiel' werd:
'dat haar witte matrozenkiel', 'hij medelijdend er bij.' werd: 'hij er
medelijdend bij.', 'Toen ging de man voorbij. —' werd: 'Toen kwam de
man voorbij.'

Alle aangebrachte varianten lijken me verbeteringen, maar dat mag
iedere lezer voor zich uitmaken. De kinderen in die rijke buurt (want wie
had er in die tijd een auto?) gaan allesbehalve zachtzinnig met elkaar
om, gezien de verpletterende bewijzen waarmee ze die jongen uit de
droom willen helpen van een autoped die een auto is. De jongen is
kennelijk de enige van het stel wiens vader geen auto heeft en het wordt
hem eventjes goed duidelijk gemaakt dat zijn autoped hem niet tot het
sociale niveau van de anderen verheft.

IDA GERHARDT
Eileen

Het is een feeks, een helleveeg,
zij haalt mijn erf van bloemen leeg,
steekt snel haar tong uit voor het raam,
leest een boeket van woorden saam
als distels, om mij toe te gooien.
Komt later aan de keuken schooien,
een klein geraamte van vier jaar.
En als de sneden zijn verslonden,
geeft zij één tel haar ogenpaar
vrij. — Ergens in die groene gronden
lijkt zij op mij, lijk ik op haar.

———•———

Een Ierse reisherinnering, dit kinderportret dat opeens een zelfportret
wordt.

JAN HANLO
Vers per 7 Juni '51

Bedoel je Josje met de kleine ogen?
Nee, met de grote.
Bedoel je Josje met de schelle stem?
Nee, met de mooie.
Bedoel je Josje met het haar dat naar niets ruikt?
Nee, met dat fijn ruikt.
Bedoel je Josje aan wie je nooit denkt?
Nee, aan wie ik altijd denk.
Bedoel je Josje die nooit graag Engelse woorden wil opschrijven?
Nee, die dat juist wel graag doet.
Maar die dan met schrijfletters schrijft?
Nee, die met grote drukletters schrijft.
Maar die de woorden van een zin altijd van elkaar schrijft?
Nee, die veel woorden van de zin aan elkaar schrijft.
Bedoel je Josje die voor een scheepje spaart?
Nee, die voor een zaklantaarn spaart.
Bedoel je Josje die niets om je geeft?
Nee, ik bedoel Josje die graag bij mij is.

———•———

Dit is een van de twee gedichten van Hanlo waarin steeds weer de naam
van dat jongetje opduikt, met wie hij een particuliere 'negertaal' had
ontworpen en die dan ook in het andere gedicht als volgt wordt
toegesproken:

> Jossie lief Jossie. Klein Jossie. Goed Jossie.
> Goed lijf Jossie. Goed zicht. Goed ziel, denk.
> (...)
> Ik ziel oud ziel weet niet oud ziel Jossie.

Weet niet ik ziel Jossie.
Ik ziel jong ziel. Ik ziel niet gek ziel.
Ik ziel soms ziel gek ziel. Grap ziel.
Weet niet grap ziel. Weet niet soms ziel.
(...)

WILLEM DE MÉRODE

Voor Okke

Hij zat gemaklijk op den rand van 't bed,
En sprak van school en leuke jongensspelen,
En hoe de vreemde talen hem vervelen,
En van de vrije Zaterdagsche pret.

Ik luisterde gelukkig, want het was
Of 't leven aan mijn leger kwinkeleerde.
Kwellende koorts, die mij verdervend deerde,
Verdoofde, tot de felle pijn genas.

Toen ik, een avond lang en zeer bevreesd,
Ben voor de poorten van den dood geweest,
Kwam plots zijn jonge stem mij achterhalen.

Mijn oogen nog vol nare duisternis,
Zag ik verrast, hoe klaar de luister is
Van trouw, die onbevreesd zoo diep durft dalen.

———•———

De dichter was een diep-gelovig christen en daarbij — en daarom zeer
gekweld — pedofiel. De jongen die bij hem op ziekenbezoek komt, zit
blijkens die 'vreemde talen' al op de middelbare school.

Liefde, ook deze vorm van liefde, is sterker dan de dood.

Leeft een nieuw wezen
Het kind in zijn eentje

HERMAN GORTER

Het is waarom het kuiken zoekt de hen,
Het kind de moederborst, waarom ik ben
Bang voor den winter en den herfst, den nacht
Van 't jaar — waarom een jong kind niet de pracht
Der sterren liefheeft, wel een vlam en vuur
Van een wit kaarsje — met een klaar getuur
Ligt hij op 't kussen wakker, lang, en met
Zijn ogen volgt hij 't waaiend flikkren, het
Vlammetje brandt nog in zijn dromen voort.

⸻•⸻

Waarbij dat vlammetje een beetje tegen het ritme ingaat, zoals een
vlammetje nu eenmaal doet. En waarom dit alles is, waarom het kaarsje
het kind zo liefelijk doet overgaan van waken naar dromen en waarom,
even verderop in *Mei*, het meisje de jongen dankt voor zijn liefde, 'of hij
anders kon', dat is om waar we allemaal het meest van houden, volgens
de dichter: 'Het is het vuur, de warmte, 't is de zon.'

J.H. LEOPOLD

Een sneeuw ligt in den morgen vroeg
onder de muur aan, moe en goed
beschut en een arm kind komt toe
en staat en ziet en met zijn voet

gaat het dan schrijven over dit
prachtige vlak en schuifelt licht
bezonnen en loopt door, zijn mond
trilt in het donker klein gezicht.

———•———

Er ligt niet zomaar sneeuw, er ligt 'een sneeuw'. Die sneeuw krijgt een
begrenzing en een uitzonderingspositie door dat lidwoord en even later
een eigenschap, 'moe', die gewoonlijk alleen mensen en dieren hebben,
al staat er dan wel in de bijbel: 'Al de beken gaan in de zee, nochtans
wordt de zee niet vol; naar de plaats, waar de beken heengaan,
derwaarts gaande keren zij weder. Al deze dingen worden *zo* moede, dat
het niemand zou kunnen uitspreken' (*Prediker* 1:7,8). Wat het kind doet,
lijkt op wat Jezus deed in zijn confrontatie met een overspelige vrouw die
men wilde stenigen: 'Maar Jezus, nederbukkende, schreef met den
vinger in de aarde. En als zij Hem bleven vragen, richtte Hij Zich op, en
zeide tot hen: Die van ulieden zonder zonde is, werpe eerst den steen op
haar.' (*Johannes* 8:6,7). *Wat* Jezus schreef, doet er kennelijk niet toe,
anders was het ons wel vermeld. Het gaat erom, *dat* hij schreef.
Misschien net als in dit gedicht, bij dat kindeke, welks verschijning in
Leopolds reeks *Verzen 1897* voorafgaat aan (het later aan de reeks
toegevoegde) 'Kerstliedje'.

Vroeg, toen 't in de verte al dag was,
Kwamen paard en wagen voor.
Nog brandde een lamp in de stalgang.
't Werd groot feest. Hij met zijn oom.
Zo'n lief paard. Zo'n beste wagen.
Ze zaten! Wat zou 't nu worden?

Eerst een donker, dauwig zandpad,
Mul, moeilijk. Toen lang gedool.
Veel bloemen, en felgroen grasland.
Geruis ook van fris gestroom.
Wegjes tussen dichte hagen.
Ook hooi. Stekels, die al dorden.

(...)

Hij verstond: hier was een afstap
Naar 't huis waar 't paard had gewoond,
Maar niets werd aan 't paard vertoond:
Oom bond het vast bij de wagen.
Hijzelf mocht kijken; ze liepen
Samen langs dijken en diepen.

(...)

———•———

In deze eerste, tweede en zesde strofe uit een autobiografisch gedicht
zonder titel is een jongetje met zijn oom op stap, met paard en wagen
door het boerenland. Ze komen bij wat waarschijnlijk het geboortehuis

van het paard is: waarom laat oom dat paard dan niet even rondkijken? Dat paarden anders met hun verleden omgaan dan mensen is tot het kind nog niet doorgedrongen en misschien is dat ook wel niet zo.

M. VASALIS
Waterkant, vroeger

Dichtbij mijn maagre en geschonden knieën zat ik
en keek over het langzaam stromend water uit,
zonder te denken of te dromen.
Mijn hoofd stak nergens uit de tijd.
Ik zag en was hetzelfde: dode katten
gesierd met lange witte tanden,
stijf, plat en grijnzend als een wajang-pop,
en ratten met hun vreesaanjagend laf gezicht
laag rennend uit hun grijze modderholen
en met een korte plomp in 't water, dat verstolen
lachte en slikte en zijn plooien schikte.
Ook hagedisjes, roerloos als een hieroglyph,
maar achter de brokaten kopjes kloppend leven,
en plots verschietend — maar 't bewegen
is even star als was het niet gebeurd —.
Dichtbij de dovenetel, die niet steekt of geurt,
— op de blaadjes fijne haren als op een mensenoor —
Daar ging ik liggen en ik rook mijn eigen haren
en sterker gras en sterker nog de grond,
en merkte met gesloten ogen in de zon, dat ik bestond.

Er is een verrassende overeenkomst met wat de Engelse dichter Shelley
in zijn opstel 'On Life' schrijft over hoe we voelden toen we kinderen
waren: 'We less habitually distinguished all that we saw and felt, from
ourselves! They seemed, as it were, to constitute one mass. There are
some persons who in this respect are always children. Those who are
subject to the state called reverie feel as if their nature were dissolved
into the surrounding universe, or as if the surrounding universe were

83

absorbed into their being. They are conscious of no distinction. And these are states which precede, or accompany, or follow an unusually intense and vivid apprehension of life. As men grow up this power commonly decays, and they become mechanical and habitual agents.'

Hij ziet zijn leven, eindloze woestijn,
en denkt aan prenten uit zijn kindertijd:
helgeel is 't zand, en alles leeg en wijd,
driehoekjes staan op de achtergrond, heel klein;

hij weet met trots, dat 't piramiden zijn —
In schaduwkoelte van vergetelheid
had hij zo graag zijn moeheid neergevlijd,
niet meer gesard door verre illuzieschijn.

Hij denkt: Dat was ik zelf; en nu ben 'k grijs.
En 'k had mijn tuintje toch in vaders tuin,

voor bitterkers in 't voorjaar en radijs,
en dan violen, donkerpaars en bruin;

die vond ik 't mooist. En gele. — En de ene hand
wrijft weg van de andre een droog gevoel van zand.

———•———

De dichter van dit sonnet was een man van grote geleerdheid, die zich
als filosoof onder meer een naam had verworven door zijn bestrijding
van de geduchte professor Bolland. Maar de filosofie kon de tweespalt
niet opheffen die hij als kind niet en later steeds erger gevoeld had. Een
brahmanistische levensbeschouwing bleek daar wél toe in staat en die
bracht hem in de laatste periode van zijn leven tot het schrijven van
poëzie. En de poëzie brengt hem naar een mystiek gevoel van eenheid
terug, dat hij als kind al had. In dit gedicht duikt hij zijn kindertijd in in

die twee woordjes 'met trots': geen volwassene is nog trots dat hij weet wat piramiden zijn.

Aan het slot van het gedicht lijkt het wel of de ene hand nog een kinderhand is en de andere al niet meer.

De gele wolken werden langzaam rood.
Dan dacht hij: Nu begint zonsondergang;
en keek weer naar de zwaluwen, die zo lang
de zon nog konden zien. En dikwijls schoot

de angst door hem heen: eenmaal gaat moeder dood,
hoe moet het dan? — Eens voelde hij bij zijn wang
't laag ritslen van een vleermuis, en werd bang,
toen hij 'm van dichtbij zag, grijs, plotsling-groot.

Dan merkte hij, hoe in zijn afgrond diep
het donker stond en langzaam overliep,
en golven duisternis de omgeving vulden;

en dan, op eens, zag hij blauw fonklen, vlak
tegen de schuine lijn van 't verste dak,
die mooie ster, blank als een nieuwe gulden.

———•———

De jongen zit in de tuin achter zijn huis te mijmeren, hij doet dat
kennelijk vaak, wanneer het gaat schemeren. De zwaluwen zijn
voorboden van de dood omdat ze zo heel ver kunnen kijken. De
vleermuis, die vogel die geen vogel is en die door zijn weerloosheid bang
maakt, lijkt het doodsbericht te brengen. De ster neemt het gevoel van
verlatenheid dan weer weg.

   Angst voor de dood van de moeder: bij Nijhoff was die zo sterk dat hij,
terwijl zijn moeder nog springlevend was, al dichtte: 'Ze ligt in 't graf
met het gelaat naar boven' (in het laatste gedicht van *De wandelaar*).

En bij het rijzen van de scheemring lag
hij in het gras naar de avondlucht te turen;
een afgrond leek de tuin, berghoog de muren,
zwart van klimop met stoffig spinnerag;

het leek een put, waarin de lichte dag
op 't donker dreef, vol schimmige figuren;
enkle geluiden van de naaste buren
plonsden als steentjes d'rin: een naam, — een lach.

Hij zag de zwaluwen als zwarte stippen
vlak onder 't geel van de avondwolken glippen;
daarna, in 't blauw, vond je hen moeilijk weer.

En 't fijn getjisper van hun zwenkend piepen,
dat scheen de hoge stilte te verdiepen,
droppelde als regen in zijn afgrond neer.

Hoor mij nu, Mei: er dwaalt in ieder leven,
In ieder lijf, een vlam, elk voelt haar beven
Wel eens of tweemaal, maar niet vele malen.
De mensen noemen ziel haar, ze verhalen
Er lange wondere verhalen van,
Weten niet veel, voeden haar niet en dan
Sterft ze vergeten en alleen gelaten.
Kinderen voelen haar wanneer ze na te
Slapen gegaan te zijn, nog lang ópwaken
Gedacht'loos starend voor zich, want genaken
Voelen ze niets, geen beeld, en ook in hen
Schijnt niets te leven of te mijmeren.
Dan voelen ze oprijzen en neerdalen
Hun leven, ademen gaan door de zalen
Huns harts en onder een hoog oppervlak
Leeft een nieuw wezen nu het oude brak.

———•———

Wat in dit fragment over kinderen wordt gezegd, brengt me met een
'schok van herkenning' heel dicht bij mijn eigen kinderjaren: het
overgaan van een zielstoestand in een andere. De herinnering vervaagt
terwijl ik erover schrijf. 'Waterkant, vroeger' van Vasalis beschrijft
verwante sensaties. Met Shelley deelt Gorter de opinie dat kinderen
meer 'ziel' hebben dan de meeste volwassenen.

HENDRIK DE VRIES
Wat ik heb gevonden

Wat ik heb gevonden, je raadt het nooit: —
Een keisteen, middendoorgebroken;
Daar binnen waren 't prachtige kleuren:
Een zee met wolken, een zeilend bootje,
Een vlag, door de wind in rimpels geplooid;
Er stonden ook letters en cijfers boven,
Maar voor ik dat allemaal goed kon lezen,
Heeft een man mij die twee helften afgenomen
En ze over de schutting weggegooid.

———·———

Van de vele gedichten die Hendrik de Vries over kinderen schreef, zijn er
maar weinig voor kinderen bestemd. Dit is er een van. Stadsberichten in
de krant beginnen vaak in de voltooid tegenwoordige tijd om dan over te
gaan in de onvoltooid verleden tijd: 'Gisteren heeft een aanrijding
plaatsgevonden op de hoek van de Vijzelstraat en de Baarsjesweg. Een
auto die van links kwam...' Die eerste zin is een brug tussen het heden
van de lezer die zijn krant inkijkt en het verleden waarin dat ongeluk
gebeurde. Dit gedicht begint op dezelfde manier, maar eindigt dan weer
in die merkwaardige voltooid tegenwoordige tijd. Als er had gestaan 'de
man nam me die stukken af en gooide ze weg', had het kind gewoon zijn
verhaal over een frustrerende gebeurtenis vervolgd. Nu is het of hij daar
nog altijd staat, met zijn lege handen.

REMCO CAMPERT
Nicolaas Witsenkade in de oorlog

Op het ijs van de Nicolaas Witsenkade
vonden we een briefje van 25
dat we dit niet konden melden thuis
wisten mijn vriendje en ik meteen

het was te veel ze zouden niet geloven
dat we eerlijke vinders waren of
geef maar hier we bewaren het
tot jullie ouder zijn

we verstopten de schat in een boek
beter bij hem hij was een koele
ik had last van blozen
grote kans dat ik door de mand viel

een paar keer per dag (jongens
wat gaan jullie doen? spelen mam)
sloten we ons in zijn kamer op
en controleerden het boek

ja hoor de vondst was er nog
om beurten hielden we het biljet vast
keken naar het watermerk
en knikten gewichtig

bespraken ons probleem
hoe kregen we het klein
weer zouden we verdacht zijn
snotapen te jong voor zo'n bedrag

verdomme ik doe het zei mijn vriendje
als ze ons iets vragen
zeggen we gewoon de waarheid
lag op het ijs het is toch zeker zo

roepen ze de politie rennen we weg
verbergen ons in het park
vinden ze ons bevroren eens zien
wie er dan spijt heeft

na een week van getreuzel
wennen aan het idee van kapitaal
stapten we stijf van verwachting
naar de automatiek op de hoek

alles liep van een leien dakje
grijnzend gaven we ons over aan een orgie
van erwtensoep voor een kwartje
gevulde koeken tien cent per stuk

en de film Stuka met Carl Raddatz
werden we niet moe te zien
want intussen was het ook nog oorlog
veel weet hadden we daar niet van

M. VASALIS
Klein. 's Avonds

In het hart van de storm zit ik stil.
Door grote veren bruist de wind,
wild, fris, maar ik zit warm en klein.
Door natte haren kijkt een engel binnen,
de wind strijkt al de grijze veren op zijn rug
terug
en hij zucht ongeduldig aan het raam.
Zijn lange, grijze ogen speuren rond.
Maar ik zit stil,
ik wil niet.
Dan leunt hij met zijn volle hand
nog even dringend aan de ruit,
die buigt, en schudt zijn haren uit
en bruisend vliegt hij weg van hier,
ver — waar ik hem niet volgen kan.
Ik wou niet.
Waarom huil ik dan?

———•———

Vasalis heb ik één keer ontmoet en ze wees me toen op het belang van de
Engelse dichter William Blake (1757-1827). 'Klein. 's Avonds' vertoont
verwantschap met Blake's in diens eigenaardige spelling geschreven

The Angel

I Dreamt a Dream! what can it mean?
And that I was a maiden Queen:
Guarded by an Angel mild;
Witless woe, was ne'er beguil'd!

And I wept both night and day
And he wip'd my tears away
And I wept both day and night
And hid from him my hearts delight

So he took his wings and fled:
Then the morn blush'd rosy red:
I dried my tears & armd my fears,
With ten thousand shields and spears.

Soon my Angel came again:
I was arm'd, he came in vain:
For the time of youth was fled
And grey hairs were on my head.

ELISABETH EYBERS
Herinnering

As kind het 'k eens die maan se ronde skyf
langsaam sien uitswel bo die silwer vlei
om saggies soos 'n seepbel weg te dryf
en tussen yl popliere in te gly.

Agter my in die donker was 'n raam
vol lig en mensestemme en gelag
en ín my angs en weekheid sonder naam
terwyl ek op die maan se loskom wag.

Die res is alles duister en verward...
Van tak tot tak het hy gewieg... ek weet
nog net dat die gekneusde gras se geur
soos naeltjies was en dat ek skielik seer-
gekry het van die inkrimp van my hart
en met my pols die trane weggevee't.

———•———

Ik vertaalde dit gedicht:

Herinnering

Ik heb een keer de maan gezien als kind,
die door het zilveren dal de ronde deed
en als een zeepbel wegdreef op de wind
en tussen ijle populieren gleed.

Achter mij in het donker was een raam
vol licht en mensenstemmen en gelach
en ín mij angst en weekheid zonder naam:
ik keek of ik de maan loskomen zag.

Al 't andere is duister en verward...
dat tak na tak onder de maan beweegt...
dat het gekneusde gras een geur verspreidt
van dennenaalden, dat ik pijn verbijt
om het hevige krimpen van mijn hart,
en met mijn pols tranen heb weggeveegd.

JACOB ISRAËL DE HAAN
Het afscheid (fragment)

Als wij saam onder het dak wakker lagen,
Het dak van riet, met een tuin op het mos,
Hoorden wij vaak de verre vogels klagen
Buiten het dorp in 't windenstille bosch.

Hoorden wij vaak den regen en den wind
Vereenzaamd om hun eigen weemoed weenen.
Een wind van droefheid toog door mijn hart henen,
Ik vreesde reeds het leven als een Kind.

———•———

Twee vrienden, kinderen, liggen bij elkaar in bed. Heel merkwaardig is
'als een kind'. Waarom niet gewoon 'als kind'? Misschien moet je het
ongeveer zo lezen: toen ik in de ogen van de *anderen* nog een kind was,
had ik al een levensangst zoals niemand aan kinderen toeschrijft.

Voor anderen wordt het gemaakt
Fabriekskinderen

CHRÉTIEN DE TROYES
Het kasteel van beroerder bestaat niet

Een binnenplaats is daar
met rondom palen, puntig en zwaar.
Door het paalwerk heen ziet Iwein
driehonderd meisjes bezig zijn,
elk met haar eigen karwei.
Ze werkten met gouddraad en zij,
elk zo goed als het ging.
Maar wat een vernedering:
blootshoofds, geen ceintuur omsloot
hun lichamen, half ontbloot.
Hun borsten, hun ellebogen
zichtbaar voor ieders ogen
in kleren, een en al scheur
en vies bij de hals. Een vale kleur
op gezichten, van narigheid klein.
Hij zag hen en zij zagen Iwein.

Iwein zegt:

Hun produkten van gouddraad en zij,
ach, hoezeer behagen die mij,
maar wat me mishaagt, is het verdriet
dat je op die bleke gezichtjes ziet.
En wat zijn ze mager en weggekwijnd
en met dat al toch nog lief en verfijnd.
Wat zouden ze mooi zijn, bij God,
bij een zachtmoediger lot.

Een van de meisjes zegt:

Dag in dag uit weven we zij,
maar voor anderen wordt het gemaakt,
dag in dag uit arm en naakt,
goed eten en drinken is er niet bij.
Dag in dag uit werken wij,
maar 't gebrek blijft steeds even groot:
's morgens hebben we weinig brood,
's avonds nog kleiner rantsoen.
Voor alles wat onze handen doen,
wordt niet één van ons meer gegeven
dan vier duiten het pond om van te leven,
zodat niemand voldoende eet,
laat staan dat ze zich nog kleedt.
Zelfs wie twintig schelling stukloon halen,
elke week weer, kunnen niets betalen
voor hun kleding, want er wordt gefraudeerd
als de lonen worden uitgekeerd.
Wie rijk als een hertog konden zijn
van hun ijver, houden ze hier nog wel klein.
En terwijl je van armoe bezwijkt,
is er één die zich dagelijks verrijkt:
hij die ons hier werken laat
als de nacht in het venster staat
en de vale dag in, dag uit.
En hij dreigt met slaag en hij scheldt je uit
als het eventjes niet meer gaat,
als je 't eventjes rusten laat.

———•———

Deze fragmenten vertaalde ik naar een ridderroman van Chrétien de
Troyes, *Yvain ou Le Chevalier au Lion*, geschreven tussen 1176 en 1181

en bijna een toekomstvisioen: men heeft nergens in Frankrijk sporen of getuigenissen gevonden van zulke grote fabriekshallen uit die tijd.

Na commentaar van prof. Wim Gerritsen herzag ik de vertaling en ik publiceer hem hier voor het eerst.

Fabrieksmeisje

Ziet die kleine gaan ten arbeid
van zes ure 's morgens vroeg,
immer met de slaap in de ogen,
waar zij dikwijls over kloeg.
't Meisje is nauwelijks twaalf jaren,
en voor 't karig hongerloon
zwoegt het dagelijks twaalf uren   *bis*
voor een gierige patroon.   *bis*

Tot verzet en tot ontspanning
ziet het kind de ganse dag
niets dan ruwe, dikke muren,
ruiten waar men nooit door zag.
Voorts, dat steeds vervelend draaien,
slaan van riemen, rad en wiel.
Neen, geen wonder, dat reeds menig   *bis*
tenger meisje in stuipen viel.   *bis*

Dikwijls in het kwartje schofttijd
— wat vervliegt die stond toch snel —
zagen wij met bloedend harte
't kind ontrukt aan 't lustig spel,
voortgezweept om weer te slaven,
't droge brood nog in de mond,
wijl de kleine des bestuurders   *bis*
zich verlustigt met haar hond.   *bis*

Bij gebrek aan moederzorgen
wordt het onervaren kind,
dat bij 't eindeloze zwoegen

104

voor mijnheer miljoenen wint,
op de koop toe uitgescholden,
wreed beledigd, ja, nog meer:
Hoe het somtijds wordt mishandeld   *bis*
neen, dat schrijf ik hier niet meer.   *bis*

Volgt het voorbeeld der verdrukkers,
weest verenigd, onvermoeid,
allen wie nog onverbasterd
werkersbloed door d'ad'ren vloeit.
De verenigden zijn machtig.
Eendracht maakt ons kloek en sterk.
Zo verkrijgen wij, wees zeker,   *bis*
allen welstand door het werk.   *bis*

En gij, Moeders, helpt ons mede
't heil betrachten van uw kroost,
dat het spoedig uit de klauwen
der tirannen zij verlost.
In ons midden zal het leren
hoe men met vereende kracht
alle juk weet af te schudden   *bis*
onder welk men ons versmacht.   *bis*

———•———

Karel Waeri (1842-1898) was de zoon van een wever en een weefster. Na
te hebben gewerkt als 'ijzerdraaier, loopjongen bij een fotograaf,
pasteibakker, bakkersgezel' vond hij zijn draai: 'Bij de krisis in de Gentse
katoenindustrie van 1862 begon hij op zondagavonden met zijn oudere
broer Jan de volkskafees af te trotten met zelfgemaakte sociale liedjes.
Dat was het! En vervolgens toog, met elf centiem op zak, het broerpaar
te voet op koncertreis langs Vlaanderens dorpen.' Aldus Jaap van de
Merwe, uit wiens prachtige bloemlezing *Gij zijt kanalje, heeft men ons
verweten!* ik dit lied overnam.

JULIUS P. VUYLSTEKE
Fabrieksgalm

De jongen is op zijn tiende jaar;
Noch lezen, noch schrijven kan hij, voorwaar;
Maar vader wint weinig en moeder is ziek;
Het kind moet dus mede naar de fabriek.
Als draadjesmaker wordt het geplaatst;
Te midden van het werktuig, dat ronkt en dat raast;
'Ach vader, 't is hier zo benauwd.' 'Let op!
of anders grijpen de riemen uw kop!'
'Mijn oog is zo moede, mijn hoofd is zo zwaar!'
'Let op, of de tanden grijpen uw haar!'
'Ach vader, ik voel mijn armen verlammen!'
'Let op, of ze geraken tussen de kammen!'
De vader gebiedt, het kind zwijgt stil;
Welhaast wee klinkt een snerpende gil.
Bloed verft riemen en draden rood.
Het kind heeft geleden, het kind is... dood.

WANNES VAN DE VELDE
De weverij

Hier zit ik in de weverij
Tot dat vanavond mijne vrijer
mij komt halen
Tot dat hij mij komt halen

Hier zit ik in de weverij
Tot dat vanavond mijne vrijer
mij komt halen
voor mij te brengen naar huis
Hij doet mij naar mijn huizeke

Hij doet mij naar mijn bed
om van zoete koek te dromen
van zoete koek te dromen

Hij doet mij naar mijn huizeke
Hij doet mij naar mijn bed
om van zoete koek te dromen
En voor te vrijen met mij

A 'k het belleke hoor klinken
Ja dan kriebelt en bibbert mijn bloed
A 'k mij ene keer zou tromperen
A 'k mij ene keer zou tromperen
A 'k het belleke hoor klinken
Ja dan kriebelt en bibbert mijn bloed
A 'k mij ene keer zou tromperen
Dan betaal ik verdomme een boet

Och lieve jonge mannen
Zijde tot liefde gezind
Komt dan maar naar de weverij
Als g'ons wel schoon genoeg vindt

Ziet maar niet naar ons kleuren
Daar kunnen wij niet aan doen
Da's door dien hete ketel meneer
Die toch zo zere kan doen

———•———

De gedachten van het meisje dwalen af van het werk naar een mogelijke
vrijer, maar ze dwingt zich steeds weer er aan te denken dat elke
vergissing haar op een boete zal komen te staan. Dit is een van de
liederen uit Van de Velde's schitterende Antwerpse bewerking van
Mistero Buffo van Dario Fo. 'De Nieuwe Scene' maakte met dit stuk
furore in Vlaanderen en Nederland.

FREEK DE JONGE
Mayonaise

De zure stank is niet te harden
Net zo min als het lawaai
Daar waar ze dagelijks deksels
Op mayonaisepotten draait
Als ze 's middags 5.15
Haar hoge hielen licht
Zitten 6.036 mayonaisepotten
Dicht

Buiten adem nogal stinkend
Naar zweet maar vooral azijn
Springt ze om 5.48
Op haar intercitytrein
Heeft de trein dan geen vertraging
Komt ze om 6.18 aan
Daar de kantoren eerder sluiten
Heeft ze dat ½ uur moeten staan

Ze eet haar prak zonder te proeven
Die avond is het prei
Ze bakt patat
En neemt er automatisch mayonaise bij
Ze gaat die avond niet naar dansles
Te moe en helemaal geen zin
Ze bladert vluchtig door de Viva
Maar er staat voor haar niets in

Vader heeft geen nieuws te melden
Ze is blij als ze naar bed toe mag
Ze ligt er in iets over elven
Morgen is het weer vroeg dag
De trein de prikklok de kantine
Eens per uur naar het toilet
En ondertussen 6.036 deksels
Klem gezet

Ze sluit steeds hetzelfde aantal
Aan de band voldoet ze goed
Een keer in de maand wat minder
Omdat ze dan wat vaker moet

———•———

Een liedje uit *Neerlands Hoop Express*, 1973.

VIRGINIE LOVELING
Het buitenmeisje

Zij vroegen of ze tevreden was,
   In de stad tevreden en daar.
Het jonge meisje knikte ja,
   Zij waren zo goed voor haar!

Zij knikte ja, zij zweeg en ging
   In de kelderkeuken staan,
En zag omhoog door 't vensterraam,
   Op straat de voeten gaan.

Toen dacht zij aan het groene veld,
   En aan haar ouders hut:
Daarover waait hoog de populier,
   En de vlierboom staat aan den put.

Het geitjen op 't grasplein, ginds verre de kerk,
   En de lucht oneindig blauw, —
Haar moeder haspelt aan 't open raam,
   En haar vader zit op 't getouw.

De wiedsters in 't veld en de leeuwrik omhoog,
   — O lag zij bij hen in het vlas!
En zat zij te peinzen, toen vroegen zij haar,
   Of zij tevreden was.

Zij waren zo goed en zo vriendlijk met haar,
   Zij kon niet zeggen: 'Neen.'
Maar 's avonds als zij slapen ging,
   Toen weende zij alleen.

De gezusters Rosalie en Virginie Loveling gaven samen een bundel *Gedichten* uit (eerste druk 1870) met typische Biedermeier-poëzie, waar ik diep in mijn hart altijd van gehouden heb. Van Rosalie werd *Het geschenk* heel bekend, over een grootvader die zijn kleinzoontje alvast zijn horloge geeft. Maar het kind sterft eerder dan hij:

> Hij keerde terug naar zijn woning,
>   De oude vader, en weende zo zeer,
> En lei het zilvren uurwerk
>   In 't oude schuifken weer.

Het gedicht van Virginie doet denken aan een anekdote, toegeschreven aan Paul Abraham, componist van operettes als *Viktoria und ihr Husar* en *Die Blume von Hawaii*. Hij had als jood naar Amerika moeten vluchten en toen ze hem daar vroegen: 'Are you happy here, mister Abraham?' was het antwoord: 'Yes, I'm happy here; aber nicht glücklich.'

Anton Beuving
Ketelbinkie
De straatjongen van Rotterdam

Toen wij van Rotterdam vertrokken,
met de 'Edam' een ouwe schuit,
met kakkerlakken in de midscheeps
en rattennesten in 't vooruit,
Toen hadden we een kleinen jongen
als 'Ketelbink' bij ons aan boord
die voor den eersten keer naar zee ging
en nooit van haaien had gehoord...
Die van zijn Moeder aan de kade
Wat schuchter lachend afscheid nam,
omdat-ie haar niet durfde zoenen,
die straatjongen uit Rotterdam...

Hij werd gescholden door de stokers
omdat-ie van den eersten dag,
toen wij maar net de pier uit waren,
al zeeziek in het 'foc-sle' lag...
En met jenever en citroenen
werd hij weer op den been gebracht,
want zieke zeelui zijn nadeelig
en brengen schade aan de vracht...
Als-ie dan sjouwend met z'n ketels
van de kombuis naar voren kwam,
dan was het net een brokkie wanhoop,
die straatjongen uit Rotterdam...

Wanneer hij 's avonds in z'n kooi lag
en na zijn sjouwen eind'lijk sliep,
dan schold de man, die 'wacht-te-kooi' had
omdat-ie om zijn moeder riep...

Toen is-ie, op een mooien morgen,
't was in den Stillen Oceaan,
terwijl ze brulden om hun koffie,
niet van zijn kooigoed opgestaan...
En toen de stuurman met kinine
en wonderolie bij hem kwam,
vroeg hij een voorschot op z'n gage
voor 't ouwe mensch in Rotterdam...

In zijldoek en met rooster baren
werd hij dien dag op 't luik gezet.
De kapitein lichtte zijn petje
en sprak met groc-stem een gebed...
En met een 'Eén-twee-drie-in-Godsnaam!'
ging 't ketelbinkie overboord,
dic 't ouwetje niet durfde zoenen
omdat dat niet bij zeelui hoort...
De man een extra mokkie 'schoot-an'
en 't ouwe mensch een telegram
dat was het einde van een 'zeeman'
die straatjongen uit Rotterdam...

————•————

Kort na 1940 schreef Anton Beuving de tekst en componeerde
accordeonist Jan Vogel de muziek voor dit liedje, dat door 'De Zingende
Zwerver' Frans van Schaik zeer populair werd gemaakt. Ik herinner me
dat het zo'n tien jaar later in een verzoekplatenprogramma gedraaid
werd op aanvraag van de dichter Bertus Aafjes.

Er zijn veel vaktermen in dit lied: 'schuit', als scheldwoord gebruikt
voor wat natuurlijk wel iets meer is dan een schuit, 'midscheeps',
'vooruit', 'Ketelbink', verderop toegelicht in het sjouwen met de ketels,
'stokers', 'foc-sle' (van forecastle: vooronder), 'kombuis' 'wacht-te-kooi',
'kooigoed', 'gage', 'rooster baren', ''t luik' en de gangbare afscheidsgroet

bij een eerlijk zeemansgraf: 'Eén-twee-drie-in-Godsnaam!' en 'schoot-an'. Ze worden ons niet nader verklaard, waardoor het is of we in dit lied een gesprek tussen twee zeelui zitten af te luisteren, of we dingen horen die eigenlijk niet voor onze oren bestemd zijn. We zitten ons bijna te schamen als we door het toch zo afstandelijk vertelde verhaal de ontroering heen horen.

Ze meenden dat het duifjes waren
Kinderen in de oorlog

Er was een kind

Er was een kind, en een klein kind,
en een kind van zeven jaren,
't had een boogje al in zijn hand,
en een pijltje al om te schieten.

Het schoot er het schoonste konijntje van al
dat er liep in heel de warande,
maar het jagertje werd door de heer gevat
en gebonden aan beide handen.

— 'Meneerke, Meneerke van Bruinkasteel,
laat mijn kindje toch nog leven,
'k heb nog zeven tonnetjes met zilver,
wilde ze hebben, ik zal ze u geven.'

— 'Uw zeven tonnetjes met zilver wil ik niet,
maar uw kindje dat moet hangen,
hangen en hangen al aan de hoogste boom
die er staat in heel de warande.'

— 'Meneerke, Meneerke van Bruinkasteel,
laat mijn kindje toch nog leven,
'k heb nog zeven tonnetjes met goud,
wilde ze hebben, ik zal ze u geven.'

— 'Uw zeven tonnetjes met goud wil ik niet,
maar uw kindje dat moet hangen,
hangen en hangen al aan de hoogste boom
die er staat in heel de warande.'

Er kwamen drie duifjes al op het dak,
ze meenden dat het duifjes waren,
't waren drie engeltjes al uit de hemel,
die het kinderzieltje kwamen halen.

— 'Meneerke, Meneerke van Bruinkasteel,
houd uw poortjes maar gesloten,
morgen, aleer de dag aankomt,
zult gij zijn door de kop geschoten.'

Er kwamen drie raven al op het dak,
ze meenden dat het raven waren,
't waren drie duivels al uit de hel,
die Meneerkes ziel kwamen halen.

————•————

Karel Jonckheere nam in zijn bloemlezing *Groot verzenboek voor al wie jong van hart is* dit lied over uit Fl. van Duyse, *Het Nederlandsche lied*, in 1903 in Antwerpen uitgegeven. 't Is een uit verre tijden overgeleverde aanklacht tegen de krankzinnig zware straffen die landheren uitvaardigden als er gestroopt werd op hun terreinen. Prachtig zijn die zinnen 'ze meenden dat het duifjes waren' en 'ze meenden dat het raven waren': wie het lied schreef, en ook al wie het zingt, weet wel beter.

HENK FEDDER
Joodsch kind

Zij wacht hem elken avond aan den trein
Het meisje met d'on-arisch zwarte haren,
met oogen, die verstrakken in een staren
of vader gauw de tunnel door zal zijn.

Forensen schuiflen langs de binnendeur
en schieten van de trap in daag'lijksch jachten,
Het donkre kind kan enkel staan en wachten
vlak bij het hokje van den conducteur.

Dan zwaait een mannenarm een verren groet,
Op 't klein gezicht bloeit plotseling herkennen,
Ze moet op slag hard naar haar vader rennen,
Hij bukt zich laag en zoent haar smalle toet.

Nu gaan ze samen door den laten dag,
De man gebogen en van zorg gebeten,
Het ratelstemmetje wil erg graag weten
waarom ze nog niet naar het zwembad mag...

O Heer, ik heb vandaag één bede maar:
Elk Joodsch gezin wordt haast vaneengereten,
Laat de Gestapo deze twee vergeten,
Laat die in Jezus' naam toch bij elkaar.

———•———

Van Henk Fedder is mij niets bekend dan dit ene, prachtige gedicht, dat
in *Geuzenliedboek 1940-1945* nog zonder naam werd opgenomen. De
laatste regel is des te schrijnender als je bedenkt dat in die tijd in
Duitsland spandoeken hingen met: JESUS WAR KEIN JUDE.

C. Louis Leipoldt
Aan 'n seepkissie

Hulle het jou in England gemaak, seepkissie,
Om hier in ons land as 'n doodkis te dien;
Hulle het op jou letters geverwe, seepkissie,
En ek het jouselwe as doodkis gesien.

Klein Jannie van ouboetie Saarl, seepkissie,
Het hier in die kamp met sij sussie gekom —
En jij was bestem, soos jij weet, seepkissie,
Daar oorkant in England as doodkis vir hom!

Klein Jannie van ouboetie Saarl, seepkissie,
Was fluks en gesond, vir sij jare nog groot;
Maar hier in die kamp, soos jij weet, seepkissie,
Was hij maar drie weke, en toe — was hij dood!

Onthou jij vir Jannie? Jij weet, seepkissie,
Hij het in sij speletjies met jou gespeel;
Die son het sij krulkop geskilder, seepkissie,
So blink as sij strale, as goud so geel.

Op die Vrijdagmôre, onthou jij, kissie,
Het Tannie gesê: 'Ag, klein Jannie die hoes!'
En die Vrijdagaand, soos jij weet, seepkissie,
Was Jannie zijn lewe al half verwoes.

Hulle het jou op Saterdagmiddag, seepkissie,
Gedra na sij tent as 'n doodkis daar!
Die wit gesiggie — jij weet, seepkissie,
Die handjies gevou en gekruis oormekaar.

Hulle het jou in England gemaak, seepkissie,
Om hier vir ons kinders as doodkis te dien:
Hulle het vir jou lijkies gevinde, seepkissie,
En ek het jouselwe as doodkis gesien.

———•———

Dit gedicht nam ik over uit *Het kind in de poëzie* van Dirk Coster (1935).
De samensteller tekent erbij aan: kinderen in de Afrikaanse oorlog
'stierven bij honderden in de concentratiekampen, waartoe de
gedwarsboomde Engelsche trots zich heeft laten verleiden en
vernederen. — En eigenaardig: daar ineens ontstaat een geluid dat ons
bekend is, daar hooren wij het accent en den toon van onze eigen
Geuzenliederen, onzen eigen volksoorlog, — dat stroeve, doodelijk
beklemde geluid, heesch van verschroeide tranen en van wrok.'

MARTINUS NIJHOFF
De kinderkruistocht

Zij hadden een stem in het licht vernomen:
'Laat de kinderen tot mij komen.'

Daar gingen ze, zingende, hand in hand,
Ernstig op weg naar het Heilige Land,

Dwalende zonder gids, zonder held,
Als een zwerm witte bijen over het veld.

In de armen van een der kinderen lag
Een wolke-wit lam en een kruis met een vlag.

De menschen gaven hun warme pap
En brood en vruchten en melk in een nap,

En kusten hen, weenend om het woord
Dat de kinderen lachend hadden gehoord.

Want iedereen blijven Gods woorden vreemd,
Behalve hem die ze van God zelf verneemt. —

Zij zijn bij de haven op schepen gegaan
En sliepen op 't dek tegen elkander aan.

De grootste der sterren schoof met hen mee
En wees den stuurman den weg over zee.

Soms schreide er één in zijn droom en riep
Over het water totdat hij weer sliep.

Met een dunne hand vóór haar gezicht
Dempte de maan de helft van haar licht.

Zij voeren voorbij den horizon
Waar de dag in een hoek van den hemel begon.

Toen stonden ze zingend voor-op het schip
En zagen in zee een wit huis op een klip.

Wie alles verlaat vindt in vaders huis
Dat vele woningen heeft, zijn thuis.

Het anker rinkelde en viel in zee.
— *Domine infantium libera me* —

Het hart van een kind is zoo warm en los,
— *Pater infantium liberet vos* —

Zoo buiten de wereld en roekeloos,
— *Domine infantium libera nos* —

Dat ze gingen en zelfs geen afscheid namen.
— *Libera nos a malo. Amen.* —

———•———

Een gedicht over een kinderkruistocht in onze eeuw werd door W.J. van
den Akker en G.J. Dorleijn in Nijhoffs nagelaten papieren aangetroffen
en ze beschouwen het als eveneens van hem: ze namen het op in hun
editie van zijn *Verzamelde gedichten*.

Kinderkruistocht

Zij hadden een stem in den nacht vernomen,
Die scheurde het web van hun kinderdromen.

Daar gingen ze, wenende, één voor één,
Verloren in nacht, verlaten, alleen;

Zwervende, zonder gids, zonder doel,
Verbijsterden in het geweldig gewoel.

In de armen hield een der kinderen op
Een dierbaar stuk speelgoed, een oude pop.

De mensen haastten aan hen voorbij,
De wraak heeft geen tijd voor medelij.

Verjoegen hen, lachend om den Jood,
Die zo luid lamenteert en misbaart in nood.

Want niemand dien nacht heeft het woord verstaan:
'Zo wat gij hun doet, dàt hebt gij Mij gedaan.'

Zij zijn bij de grens op een hoop gaan staan,
En drongen zich dicht tegen elkander aan.

Geen ster scheen omlaag in den donkeren nacht,
Geen maan doorlichtte de droeve wacht.

Soms sliep er een in en riep met een stem
Verstikt door zijn tranen: 'Jeruzalem'...

Zo stonden zij daar toen de dag begon
En stonden er nog in de avondzon.

Stil stonden zij daar als een kudde klein vee
Verjaagd uit de kooien, gelaten, gedwee...

Want wie Jood is en Jahwe belijdt
Moet zwerven op aarde in eeuwigheid.

Elk kind draagt dit leed in zijn wezen mee
— 'Domine infantium libera me —'

Het hart van de mensen is koud en boos,
— 'Pater infantium liberet vos —'

Zo slaaf van de wereld en goddeloos,
— 'Domine infantium liberet nos —'

Dat zij de zonde zich zelfs niet schamen,
— 'Libera nos a malo. Amen.'—

Ik twijfel aan Nijhoffs auteurschap, vanwege de volgende regels:

Nijhoff: 'De menschen gaven hun warme pap / En brood en vruchten en melk in een nap, / En kusten hen, weenend om het woord / Dat de kinderen lachend hadden gehoord.'

Nijhoff (?): 'De mensen haastten aan hen voorbij, / De wraak heeft geen tijd voor medelij. / Verjoegen hen, lachend om den Jood, / Die zo luid lamenteert en misbaart in nood.'

In het oorspronkelijke gedicht staan de mensen machteloos, maar vol sympathie tegenover het lot van de kinderen, wier toekomstverwachting met de harde werkelijkheid wordt geconfronteerd, zonder dat hen dat van slag brengt. In het tweede gedicht haasten de mensen zich aan de kinderen voorbij en zo gebeurde dat ook in de tweede wereldoorlog: de mensen waren bang. Maar dan wordt hier plotseling de nazi-mentaliteit ('wraak') geïnjecteerd in de bewoners van de bezette gebieden. Ze lachen nota bene om het misbaar van de slachtoffers, die toch in werkelijkheid helemaal geen misbaar maakten, maar gelaten hun lot stonden af te wachten. Ook elders, bijvoorbeeld in de houterige voorlaatste regel, staat het tweede gedicht ver achter bij het eerste.

En dan is er één variant in het Latijn: 'liberet' in de op twee na laatste regel. Dit levert geen Latijn op, want de derde persoon 'liberet' past niet bij de aanspreekvorm 'Domine'. Zou de auteur van de Latijnse regels in het eerste gedicht die fout tegen het Latijn begaan kunnen hebben?

Zou Nijhoff, vraag ik me ook nog af, het woord 'medelij' ooit gebruikt hebben? Het lijkt me meer een woord voor de veel meer in de volkstoon dichtende collega-poëet J.H. Speenhoff, wiens lied *Opoe* eindigt met de regels:

> Eerst moest opoe naar de keuken,
>   Had d'r lieveling gezeid;
> Toen moest opoe naar de zolder
>   In de bedstee van de meid,
> Maanden lag ze daar te suffen,
>   Niemand had meer medelij;
> Tot de kleine meid kwam zeggen
>   Dat d'r opoe niks meer zei.

Had ik mijn kind maar God genoemd
Kinderen die doodgaan

Dood kind

Als een blad van een boom valt
Kijkt niemand op of om
Een boom een blad ach wat
Een speelbal van de wind
Maar nu valt geen blad
Geen boom zelfs
Nee nu valt een kind

Als een bom op een dorp valt
Veert iedereen boos op
Om uitgebreid te melden
Wat hij er van vindt
Nu valt een stilte
Geen bom valt
Nee nu valt een kind

Ach God hou me staande
Ach God anders val ik om
Zeg me God waar ik je vind
Ach God hij was drie maanden
Ach God hij huilde soms
Ach God ben jij dat kind

Sprakeloze mensen kijken
Zwijgend naar een kistje
Van spaanplaat met fineer
Dat schommelend wegzakt
In de betraande aarde
Een kind niet meer

Geen schuld treft hen
Maar ze zijn gedoemd
De moeder wankelt
De vader houdt zich groot
Hij denkt had ik
Mijn kind maar God genoemd
Dan had ik kunnen zeggen
God is dood

M. VASALIS
Kind

Er was een lichte warmte boven zijn gezicht,
als van de aarde 's avonds, als de zon verdween.
En als de wind in een gordijn, ging licht
zijn adem in en uit zijn lippen heen...

Hij was het leven, zichtbaar bijna zonder schaal
en niets dan leven, tot de rand geschonken
en zonder smet of schaduw neergezonken
en opgestegen in de broze bokaal.

Hoe wijd was nog de doorgang tot het leven
en hoe toeganklijk voor zijn eb en vloed...
Hoe licht en stil en schoon is met de dood
hij op het lege strand alleen gebleven.

———•———

De bundel waarin dit gedicht staat, *De vogel Phoenix*, droeg de dichteres
op aan haar zoontje, dat in oktober 1943 stierf, anderhalf jaar oud.
Vasalis heeft me verteld dat deze bundel verreweg de minst verkochte is
van de drie die ze schreef, want de mensen gaan verdriet nu eenmaal uit
de weg.

ANTHONIE DONKER
Het gestorven meisje

Het was een koude, glinsterende nacht.
Wolken en duisternis, sneeuw en sterren —
en in de ruimte hoorden wij verre
klokken. Haar einde werd verwacht.
Het venster was in den nacht een smal, veeg licht.
Zij was kleiner geworden, lieflijker dan ooit,
het blonde haar langs het voorhoofd geplooid,
en een glimlach over haar wit gezicht.
Zij was zoo ver van ons als sneeuw en sterren.
Voorbij het smalle, verlichte raam
waarde zij in het grondelooze verre.
Hier was haar lichaam, klein en zonder naam.

ELISABETH EYBERS
Sonnet

Jou liggaampie so roerloos en gering
en hul daarnaas wat skaars durf asemhaal.
O wrede end sonder voleindiging
as alles lank voor die voltooiing faal!

Vanmôre nog — hoe lank gelede — het jy
gespeel, en in die middel van jou pret
blokkies en beertjie uit jou greep laat gly
en aan die slaap geraak sonder verset.

Die spinnerak wat skommel teen die ruit
se flitsende en tinger veiligheid
word nouliks deur die lentewind bedreig;

maar jy wat soveel vrae kon stel moet swyg
voor al ons vrae met die woordeloosheid
van iemand wat die antwoord reeds gekry't.

————•————

Het kind dat niet meer ademhaalt en zij daarnaast die nauwelijks
durven ademhalen. Het kind is weerlozer gebleken dan zelfs dat tere
spinrag tegen de ruit. Het vroeg, als alle kinderen, aan één stuk door,
maar nu de volwassenen vragen stellen, kan het geen antwoord geven,
terwijl het dat antwoord weet.

JOOST VAN DEN VONDEL
Uitvaert van mijn dochterken

De felle Doot, die nu geen wit magh zien,
    Verschoont de grijze liên.
Zy zit om hoogh, en mickt met haren schicht
    Op het onnozel wicht,
   En lacht, wanneer in 't scheien,
   De droeve moeders schreien.
Zy zagh 'er een, dat, wuft en onbestuurt,
    De vreught was van de buurt,
En, vlugh te voet, in 't slingertouwtje sprong;
    Of zoet Fiane zong,
   En huppelde, in het reitje,
   Om 't lieve lodderaitje:
Of dreef, gevolght van eenen wackren troep,
    Den rinckelenden hoep
De straten door: of schaterde op een schop:
    Of speelde met de pop,
   Het voorspel van de dagen,
   Die d'eerste vreught verjagen:
Of onderhiel, met bickel en boncket,
    De kinderlijcke wet,
En rolde en greep, op 't springend elpenbeen,
    De beentjes van den steen;
   En had dat zoete leven
   Om gelt noch goet gegeven:
Maar wat gebeurt? terwijl het zich vermaackt,
    Zoo wort het hart geraackt,
(Dat speelzieck hart) van eenen scharpen flits,
    Te dootlick en te bits.
   De Doot quam op de lippen,
   En 't zieltje zelf ging glippen.

Toen stont helaas! de jammerende schaar
    Met tranen om de baar,
En kermde noch op 't lijck van haar gespeel,
    En wenschte lot en deel
   Te hebben met haar kaartje
   En doot te zijn als *Saertje*.
De speelnoot vlocht (toen 't anders niet moght zijn)
    Een krans van roosmarijn,
Ter liefde van heur beste kameraat.
    O krancke troost! wat baat
   De groene en goude lover?
   Die staatsi gaat haast over.

———•———

De Dood is vrouwelijk, want is hier uitgebeeld als de pijlen afschietende Diana. Die Dood wil geen 'wit', geen vrolijkheid zien, maar ook: heeft geen belangstelling voor wit of grijs haar, is (bij bijvoorbeeld een pokkenepidemie) uitsluitend op de jeugd gericht.

Bredero geeft ons in zijn *Spaanschen Brabander* een kijkje op kinderspelen. Vondel doet dat hier, maar over het algemeen krijgen we bij de dichters van voor de achttiende eeuw heel wat minder kinderen in beeld dan bij de schilders, vanaf Bruegel.

Dans der maegdekens

In den hemel is eenen dans.
Alleluia.
Daer dansen all' de maegdekens.
Benedicamus Domino.
Alleluia, alleluia.

't Is voor Amelia.
Alleluia.
Wy dansen naer de maegdekens.
Benedicamus Domino.
Alleluia, alleluia.

———•———

De Coussemaker nam dit lied op in zijn verzameling van Vlaamse liederen uit Noord-Frankrijk (1856) en tekent erbij aan: 'Dit wonderlijke volkslied werd weinige jaren geleden nog in Bailleul gezongen. Wij herinneren ons het omstreeks 1840 gehoord te hebben. Daarna schijnt er geen toestemming meer gegeven te zijn om het nog ten gehore te brengen. De omstandigheden waarin het gezongen werd, waren als volgt: als er een jong meisje gestorven was, werd haar lichaam door haar vriendinnetjes naar de kerk en daarna naar het kerkhof gebracht. Als de godsdienstige plechtigheid beëindigd was en de doodkist in de aarde was neergelaten, keerden alle jonge meisjes, met het doodskleed in de hand, terug naar de kerk en zongen daarbij de *Dans der maegdekens* met een verve, een elan en een ritme waarvan men zich moeilijk een idee kan vormen als men het niet heeft gehoord.' Het gegeven van dit liedje hoorde ik nog eens terug in een Frans chanson op de dood van een van de meest geliefde Franse komieken: er is vreugde bij ons in de hemel, want Bourvil is dood, dus we zullen hier eindelijk weer eens lekker lachen.

J.C. Noordstar
Mijn zoon

Mijn zoon ging vissen bij de vliet.
De wind woei vrolijk door het riet;
te midden van potjes en pannetjes zat hij daar
totdat plotseling, wij weten niet hoe of waar,

hij in het water geduikeld is, voorover, op zijn kop;
zijn hengel en klompen lagen er bovenop.
Zo moet hij daar gelegen hebben, drie uur in de kou,
en geen mens die dat gezien heeft die morgen, gij beseft het
        nauw'.

Van 's morgens negen tot twaalven, wat moet dat verschrikk'lijk
        zijn,
terwijl de wind ruist in de populieren. Daar bij gindse boerderij,
dáár is het leven vrolijk in gang; zo nu en dan bereikt ons een
        kreet,
dat men zich maar verlaten voelt en denkt dat men ons vergeet.

Ach die bomen die ruisen zo hoog en zo werelds
en een snik verstikte zijn stem, en tranen heerlijk
mengden in zijn gedachten — ach, het riet danste, mijne heren,
        met wijde gebaren,
en de wind liep achter zich zelf aan op het water, niet te bedaren.

Geen schip kwam daar voorbij, geen boer op een fiets,
geen kalf dat blatend loeide omdat het iets
niet in orde speurde, grazend langs de waterkant,
noch enig melker komend met zijn emmers van het land...

Geen einde is er aan dit droevig lied,
altijd zal het gapen blijven, gelijk hij lag in het riet,
en geen mens vervult deze leemte; als enig slot
blijven wij aan het malen van wind en water en zijn treurig lot.

———•———

Pareau en Noordstar zijn de schuilnamen waaronder twee Groningse
geleerden parodistische gedichten schreven. Maar waar is de parodie in
dit gedicht, dat een half krankzinnig geworden boerenvrouw vertelt aan
wie ze 'mijne heren' noemt? Wie zijn die mensen die denken dat wij niet
hen, maar dat zij ons vergeten? Het gedicht doet denken aan die
schilderijen van Bruegel, waarop mensen noch dieren zich ook maar
iets aantrekken van het drama dat zich vlakbij afspeelt.

Het lijkt me dat het hier om een debiele jongen gaat, die bij het vissen
zijn hele hebben en houden om zich heen had. Hoe de moeder erbij
komt dat hij daar niet korter en niet langer dan drie uur gelegen heeft, is
een raadsel te meer.

J.M.W. Scheltema
Aangifte

Jan Willem Koster is gestorven,
Zoon van Cornelis, Dinsdagmorgen,
Een deur slaat dicht
En aan de kale muren
Hangt nog een droppel licht.
Jan Willem Koster is gestorven,
Vijf jaren zijn te lang geweest
En in een snik heeft hij die morgen
Den dood gevreesd...
Ons Jan ging dood op Dinsdagmorgen,
Hij was wat blond, met bruine ogen;
Ik heb zijn kleertjes opgeborgen.
Jan Willem Koster, ja meneer.
Wat krassen pennen nog zijn naam?
't Doet zeer.

———•———

Scheltema is verwant aan Noordstar, met inbegrip van die plotselinge
diepe ernst, die *Aangifte* tot een tweeling maakt van Noordstars *Mijn
zoon*: 'Jan Willem Koster, ja meneer' en 'ach, het riet danste, mijn
heren'. L.Th. Lehmann vermeldt over Scheltema nog 'dat hij soms uit
zijn zolderraam een koor van straatjongens leidde en daarbij zelf een
solopartij vertolkte'.

JULES DE CORTE
Kleine Anita

Nu is kleine Anita nooit meer bang
Niet voor de grote honden van oom Jozef
Niet voor de ogen van de vreemde mensen
En ook niet 's nachts, al is het nog zo donker
En als het stormt vindt ze dat echt niet erg

Kleine Anita is ook nooit meer stout
En lastig met het wassen of het eten
Niet huilerig of plagerig of kattig
Broertje mag voortaan best met alles spelen
Ja, als hij wil zelfs met het poppenhuis

Kleine Anita is ook nooit meer moe
En nooit zal zij meer pijn hoeven te lijden
En zeker niet zo erg meer als die middag
Toen ze haar stervend van de straat opraapten
Wat weer eens oponthoud gaf in het verkeer

———•———

Van dit lied valt nauwelijks op dat het niet rijmt. Dat komt door de
parallellie van de regels, een bindend element dat we bijvoorbeeld ook in
het bijbelse *Hooglied* aantreffen, en doordat ook de strofen parallel lopen:
'nooit meer bang', 'nooit meer stout', 'nooit meer moe'.

F.L. HEMKES
Het kindeke van den dood

Hoe ligt de stille heide dáár
Gelijk een bloeiend graf!
Geen klank, geen lied breekt even maar
Het doodsche zwijgen af;
't Is, of die nevel, koud en kil,
Het breede land begraven wil;
De zon schijnt vreemd en rood, —
En op de heî speelt bleek en stil
Het Kindeke van den Dood.

Er leefde een kind in 't heideland,
Een zwak en zieklijk wicht;
Dat had zijn vreugd aan elke plant,
Die bloeit bij warmte en licht;
Steeds wilde 't op de heide zijn
En hupplen in den zonneschijn,
Zijn liefsten speelgenoot;
Men noemde 't om zijn stervenspijn
Het Kindeke van den Dood.

En eenmaal, op een dag in Mei,
Was 't kind zoo moê, zoo loom;
Hem leek de breede, bruine heî
Wel 't landschap uit een droom;
De vogels zongen ginder ver,
Als zweefden ze op een gouden ster
Hoog boven zorg en nood,
En kweelden zoet en zongen er
Voor 't Kindeke van den Dood.

Het was hem, of de nacht begon,
De bange, duistre nacht,
Al had nog niet de lieve zon
Haar halven loop volbracht;
Aan zon en bloesem hing zijn hart;
Het dacht niet aan zijn booze smart,
Aan bittre pijn en nood;
Te sterven was zelfs wreed en hard
Voor 't Kindeke van den Dood.

En 't bad, — dat als 't begraven lag,
Het ieder jaar in Mei,
Slechts éénen blijden, langen dag
Mocht spelen op de heî,
En, als het middaguur begon,
Mocht hupplen in de warme zon,
Tot weêr het daglicht vlood —
Het kind dat niemand heelen kon,
Het Kindeke van den Dood.

Wie kent de macht van 't schuldloos kind,
Dat stervend vraagt en hoopt?
Soms rijst, wanneer de Mei begint,
Eer 't middaguur verloopt,
Een nevel op, die koud en kil,
Het breede land begraven wil;
De zon schijnt vreemd en rood; —
Dan speelt op 't heîveld, bleek en stil
Het Kindeke van den Dood.

Dan leeft en zweeft het heel den dag
En speelt met bloem en plant;
Dan klinkt bij wijle een vreemde lach
Langs 't eenzaam heideland,

Maar als de zon in 't Westen scheidt,
En stervend nog een luister spreidt
Van glansrijk avondrood —
Dan klaagt een kinderstem, dan schreit
Het Kindeke van den Dood.

Dit wellicht op een sage berustende gedicht is geschreven door iemand
die de Engelsen een 'one poem poet' zouden noemen, iemand, bekend
om maar één gedicht. En bij Hemkes is dat niet deze ballade, maar *'t
Geuzenvendel op den thuismarsch*, aldus beginnend:

Zij kwamen na jaren uit Brabant weêrom
Met vliegend vaandel en slaande trom,
En zagen de zon bij het zinken
Op 't duin van hun Vaderland blinken.

Weet je nog hoe vroeger
Het terugblikken op de kindertijd

MARTINUS NIJHOFF
Herinnering

Moeder, weet je nog hoe vroeger
Toen ik klein was, wij tezaam
Iedren nacht een liedje, moeder,
Zongen voor het raam?

Moe gespeeld en moe gesprongen,
Zat ik op uw schoot, en dacht,
In mijn nacht-goed kleine jongen,
Aan 't geheim der nacht.   5

Want als wij dan gingen zingen
't Oude, altijd-eendre lied,
Hoe God alle, alle dingen,
Die wij doen, beziet,

Hoe zijn eeuw'ge, groote wond'ren
Steeds beschermend om ons zijn,
— Nimmer zong je, moeder, zonder 'n
Beven dat refrein —

Dan zag ik de sterren flonk'ren
En de maan door wolken gaan,
d'Ouden nacht met wijze, donk're
Oogen voor me staan.

———•———

Dit is een eenvoudig en vanzelfsprekend gedicht. Maar kijk nu eens naar
de tweede strofe zoals die oorspronkelijk luidde:

Kleine jongen in mijn nacht-goed,
  Zat ik loom op uwen schoot,
Wijl ge uw veilige armen zacht, goed
  Om me henen sloot.

Eenvoud moet veroverd worden.

Soms loop ik 's nachts naar het Victorieplein,
Als kind heb ik daar namelijk gewoond.
Aan vaders hand zijn zoon te zijn,
Op moeders schoot te zijn beloond

Om niet. Om niet is het, dat ik hier ga,
De vrieskou in mijn jas laat dringen,
Alsof de tijd zich ooit zou laten dwingen,
Terwijl ik roerloos in de deurpost sta

Om thuis te komen. En zo simpel is de gang
Om tot dit moeilijk inzicht te geraken:
Dat ik geen kind meer ben; dat ik verlang

Naar iemand die nooit kon bestaan:
Een jongetje dat alles goed zou maken —
de tijd die stilstond en hem liet begaan.

O O Den Haag

Ik zou best nog wel een keertje net als vroeger in Moerwijk
     willen wonen
Na het eten een partijtje voetbal in de tuin, de ouders langs de
     lijn
En in december met de hele buurt op jacht om kerstbomen te
     rausen
Op oudjaarsavond fikkie stoken, vooral die autobanden rookten
     fijn

Ik zou best nog wel een keertje met die ouwe naar ADO willen
     kijken
De lange zij, een warme worst en overal supporters om je heen
Lekker kankeren op Theo van der Burgh en die lange Van
     Vianen
Want bij elke lage bal dan dook die eikel er steevast overheen

O O Den Haag
Mooie stad achter de duinen
De Schilderwijk, de Lange Poten en het Plein
O O Den Haag
Ik zou met niemand willen ruilen
Meteen gaan huilen
als ik geen Hagenees zou zijn

Ik zou best nog wel een keertje net als vroeger een nachtje willen
     stappen
Op mijn Puch een wijffie halen en daarna dansen in de
     Marathon
En na afloop op het Rijswijkse Plein een harinkie gaan happen

De dag daarna een kater, dus naar Scheveningen, lekker bakken
       in de zon

O O Den Haag
Mooie stad achter de duinen
De Schilderwijk, de Lange Poten en het Plein
O O Den Haag
Ik zou met niemand willen ruilen
Meteen gaan huilen
als ik geen Hagenees zou zijn

Ik zou best nog wel een keertje, ach, wat leg ik toch te dromen
Want Den Haag is door de jaren zo veranderd, voor mij toch veel
       te vlug
Dat Nieuw Babylon, moest dat er trouwens eigenlijk nou wel zo
       nodig komen
Zo komt die ooievaar op de Vijverberg dus never nooit meer
       terug

O O Den Haag
Mooie stad achter de duinen
De Schilderwijk, de Lange Poten en het Plein
O O Den Haag
Ik zou met niemand willen ruilen
Meteen gaan huilen
als ik geen Hagenees zou zijn

———•———

Dat de Nederlandse popmuziek tot ware poëzie kan leiden, blijkt weer
eens uit dit liedje waarvoor Harry Jekkers tekst en muziek schreef. Men
diene de tekst op zijn plat-Haags uit te spreken, dus bijvoorbeeld bij
'eikel' en 'duinen' de onderkaak zo ver en zo slap mogelijk naar beneden
te laten hangen.

In zomers

Die avonden, als het nog niet donker was
maar wel al stil zoals
het alleen maar op zo'n zomeravond kan
met veel vogelgezang,

en als we dan de tennisbal gooiden
om beurten, steeds hoger tegen de toren
waar zo hoog al wat donker om hing

die avonden, lachende zomer,
als vaders en moeders
verstandig stonden te praten
in de tuinen, ernstig, geheim
licht lag tussen de violen.

We vingen de bal die terugkwam
vlak bij de wijzers was hij geweest
en grappen gingen we maken
dat wisten we zeker,

die avonden dat witte wijzers
over de zeeblauwe plaat schoven
en klokgelui ging golven
over de velden en daken

als het nog niet donker was
maar wel al stil.

Kinderen spelen nooit in grotere harmonie met elkaar dan na het avondeten, op een tijd dat ze wat vroeger in het jaar al in bed hadden moeten liggen. Nu zullen ze deelhebben aan de grappen die volwassenen ongetwijfeld het hele jaar door met elkaar maken, maar waar ze in donkerder seizoenen van verstoken blijven, omdat ze dan in bed liggen, vol heimwee naar hun straat.

T. VAN DEEL
Laat

Op warme zomeravonden
als het laat nog licht was
zaten we in de tuin en mocht ik
langer opblijven omdat slapen niet ging.
Ik ving sprinkhanen
en stopte die in mijn moeders nek.
Dikwijls stond een buurman
over het hekje geleund te praten.
Het scheen grappig te zijn
want er werd gelachen —
dat hoor ik voor het eerst.

———•———

Eenzelfde herinnering als bij Leendert Witvliet en ook weer met lachen.
Waarbij het heel wonderlijk is dat het lachen op het moment zelf niet tot
het kind doordrong: het bleef verholen tot op het moment dat de dichter
zijn gedicht schreef.

IDA GERHARDT
In Memoriam Patris

Mijn vader heeft de waterlaarzen aan.
Wij samen zijn de Lekdijk afgekomen.
Ik ben voor mijn verjaardag meegenomen:
hij moest vandaag bij het gemaal langs gaan.

Gemaal: dat is je vader horen noemen
die vreemde woorden van een andere taal
als hij de waterstand leest van de schaal;
te ademen in het onbenoembaar zoemen
dat gonzend omgaande aanwezig is.
Èn, niets te zeggen als hij bezig is:

'Dàt is een man, daar kun je staat op maken'.
Als op de zaken orde is gesteld
doen wij op huis aan. Een lucht van geweld:
Gorcum ligt al door wolken overkraagd.
Geen noodweer en geen wereld kan mij raken
als hij, het laatste stuk, mij op de schouder draagt.

———•———

Dit is een gedicht om uit het hoofd te leren.

anna

anna lachte bloemen uit de grond
anna die zong vlinders uit haar mond
anna die kon van mijn haar mooie vlechten maken
die links en rechts en zonder angst in de wereld staken
ze heeft mijn jurken stijf gesteven
heeft mijn knieën schoon geboend
koue handen warm gewreven
blauwe plekken weg gezoend
met anna op mijn kleine klompen hand in hand op pad
nooit meer bang voor boze wolven
omdat ik anna had

anna toe vertel nog wat
anna ga niet weg
anna als ik jou niet had
en als ik je nou zeg
dat daarachter in de hoek
vlak bij het gordijn
in het donker altijd iets beweegt
waarvoor ik bang moet zijn
anna leg je dikke armen om mijn kinderlijf
anna toe vertel nog wat
toe nou anna,
blijf

anna lachte bloemen uit de grond
anna die zong vlinders uit haar mond
wat anna's boerenblauwe ogen in het donker zagen
dat waren de verhalen waar kinderen om vragen
waar ze zoet door slapen gaan

waardoor het spook verdwijnt
de engelen op wacht gaan staan
totdat de zon weer schijnt
't was anna's boerenbonte liefde waar het hem in zat
nooit meer bang voor boze wolven
omdat ik anna had

anna die is weggegaan
op een dag in mei
met gerrit harmsen meegegaan
en het hielp niet of ik zei
dat daarachter in de hoek
vlak bij het gordijn
in het donker altijd iets bewoog
waarvoor ik bang moest zijn
en ik weet het zeker anna dat spook daarachter
bij 't gordijn
heeft jarenlang z'n kans afwachtend
gerrit harmsen moeten zijn

anna lachte bloemen uit de grond
anna die zong vlinders uit haar mond
anna trouwde gerrit harmsen op een warme zomerdag
en ik moest kleine bloemen strooien en dacht
dat iedereen het zag
hoe ik ze alleen liet vallen
met handenvol aan anna's kant
op een pad van kleine bloemen
verdween ze uit mijn kinderland
en gerrit stijf gearmd met anna plechtig door het
middenpad
was nooit meer bang voor boze wolven
omdat hij anna had

anna lachte bloemen uit de grond
anna die zong vlinders uit haar mond
anna die kon van mijn haar mooie vlechten maken
die links en rechts en zonder angst in de wereld staken

———•———

Wie Liselore Gerritsen dit gedicht heeft horen voordragen, kan het
eigenlijk niet meer objectief beoordelen. Maar ik geloof dat het ook
zonder die ontroerende voordracht tot het beste behoort waartoe de
Nederlandse taal in staat is.

Ze zeggen dat Bertha niet eens bestaat

Als mijn moeder 't huis uit gaat,
mij op alles passen laat,
kijk ik rustig om me heen,
ben ik niet alleen.

Want Bertha is bij me,
waar ik ga, gaat zij,
waar ik sta, staat zij.

Als er 's nachts figuren zijn
die bewegen in 't gordijn,
die verschuiven langs 't behang,
dan ben ik niet bang.

Want Bertha is bij me,
waar ik ga, gaat zij,
waar ik sta, staat zij.

'k Ben niet bang meer voor iets geks,
voor een reus of voor een heks,
voor een mens of voor een dier.
Bertha is toch hier?

Bertha is bij me,
waar ik ga, gaat zij,
waar ik sta, staat zij.

Er is ook nog een andere Bertha geweest: een groot nijlpaard van textiel, gemaakt door een verstandelijk gehandicapt meisje. Van dat prachtige knuffelbeest van mijn zoontje Michiel vertelde mijn broer Hans eens, dat ze in de trein naar de wc had gemoeten. Maar dan wel zo nodig, dat de wc ervan overstroomde, zodat Bertha er niet meer af durfde. Ik moest dat verhaal vervolgens elke avond aan Michiel vertellen, waardoor de drol uiteraard steeds groter werd, zodat op het laatst alle passagiers door de stront moesten waden.

Het bultig mannetje

Wil ik in mijn tuintje gaan
Om het gras te gieten,
Zie 'k een bultig mannetje staan
Dat begint te niezen.

Wil ik in mijn keukentje gaan
En mijn soepje koken,
Heeft dat bultig mannetje daar
Pot en pan gebroken.

Wil ik in mijn kamertje gaan
En mijn papje eten,
Heeft dat bultig mannetje reeds
Alles opgegeten.

Wil ik in mijn keldertje gaan
En mijn wijntje tappen,
Staat dat bultig mannetje daar
Om een kruik te gappen.

Zet ik me aan mijn spinnewiel,
Wil 'k mijn draadje draaien,
Zit dat bultig mannetje stil
In mijn wol te graaien.

Ga 'k naar mijn klein kamertje
Om mijn bed te dekken,
Zie 'k dat bultig mannetje daar
Aan de lakens trekken.

Kniel ik voor mijn bankje neer,
Bid ik mijn gebedje,
Vraagt dat bultig mannetje plots
En tikt aan zijn petje:

Lief klein kindje, heremejee,
Bid voor bultig mannetje mee.

N.A. Donkersloot (de dichter Anthonie Donker) heeft er in zijn boek
Karaktertrekken der Vaderlandsche Letterkunde op gewezen hoeveel lichter
van toets Aafjes is dan het origineel (in de kinderafdeling van de grote
volksliederenverzameling *Des Knaben Wunderhorn*). Zie het slot aldaar:

> Wenn ich an mein Bänklein knie,
> Will ein bisslein beten,
> Steht ein bucklicht Männlein da,
> Fängt als an zu reden:

> 'Liebes Kindlein, ach, ich bitt,
> Bet fürs bucklicht Männlein mit!'

Uit het Duits ('fängt *als* an') blijkt sterker dan uit de bewerking dat het
hier wel eens om een mannetje zou kunnen gaan dat alleen in de
fantasie van het kind bestaat.

KEES STIP
De losbol

We hadden eens een losbol op bezoek.
Oom Gerrit werd door moeder zo omschreven.
Allicht was ik op grond van dit gegeven
naar blijken van losbolligheid op zoek.

Ooms boord was hoog en wit en stijf gesteven.
De bol daarop dronk koffie en at koek.
Geen ongewone stand, geen vreemde hoek
verraadde dat hij loszat of zou zweven.

Oom Gerrit was erg aardig en hij deed
drie gulden in mijn spaarpot. Daarna reed
een rijtuig voor. Hij moest nog naar Den Bosch.
Daar was een dame die hem wilde spreken.
Ik werd over mijn bolletje gestreken
en dat zit sedertdien een beetje los.

———•———

De woordspeling is meer dan een woordspeling: is een karakteristiek van
hoe kinderen denken. Ik dacht vroeger dat de opperman de baas was in
de bouw omdat een opperhoofd immers het hoofd was van een groep
Indianen. In werkelijkheid staat die opperman wat lager in de
hiërarchie, al bepaalt hij wel het tempo van de bouw. Ik herinner me
ook mijn teleurstelling toen een tante me beloofd had dat ik op een
kermisbed mocht slapen en dit niet meer bleek te zijn dan een matras
met dekens en lakens op de grond. In een gedicht van Hendrik de Vries,
opgenomen in dit boek, denkt een meisje dat een pakhuis een huis is
waar ze je pakken. En een vriend van mij meende als kind, op grond van
een bepaald Sinterklaasliedje, dat het paard van de goedheiligman Ozo
Snel heette.

WILLEM WILMINK
De zakdoekmuis
in een speelgoedwinkel

Als mijn opa een paar knopen
in zijn zakdoek had gelegd,
was 't een muisje dat kon lopen,
echt een muisje met twee oren.
't Hupte op opa's arm naar voren...
streng wees opa hem terecht
om hem dan weer op te stoken...
ach, meneer, dat was pas echt.

'k Zou zo'n zakdoek willen kopen,
'k heb er zo lang naar gezocht,
want een zakdoek die kan lopen
zou mijn kinderen meer bekoren
dan een robot op twee Noren
of een racebaan met een bocht...
als u er tenminste ook een
echte opa bij verkocht.

'Het spijt me, meneer, daar kan ik
u niet aan helpen. Dag, meneer...'

———•———

Het rijmschema van dit gedicht heb ik mooi in elkaar geknoopt, vind ik
zelf:

    a b a c c b d b
    a e a c c e d e

Waarbij a, c, d half op elkaar rijmen en b, c eveneens. Met als gevolg van
dit alles dat het gedicht echt gaat lopen, net als die zakdoekmuis.

E. DU PERRON
Het kind dat wij waren

Wij leven 't heerlikst in ons vèrst verleden:
de rand van het domein van ons geheugen,
de leugen van de kindertijd, de leugen
van wat wij zouden doen en nimmer deden.

Tijd van tinnen soldaatjes en gebeden,
van moeders nachtzoen en parfums in vleugen,
zuiverste bron van weemoed en verheugen,
verwondering en teêrste vriendlikheden.

Het is het liefst portret aan onze wanden,
dit kind in diepe schoot of wijde handen,
met reeds die donkre blik van vreemd wantrouwen.

't Eenzame, kleine kind, zelf langverdwenen,
dat wij zo fel en reedloos soms bewenen,
tussen de dode heren en mevrouwen.

JAN VAN NIJLEN
Circuslicht

'k Zie elke avond aan de hemel branden
De gloed van 't circus en ik ben verblind
Door 't lokkend licht, ginds in de lage landen.
't Is of in droom het leven herbegint.

Of ik weer kind ben en nog weer verlang
Naar 't lieve spel van clowns en acrobaten,
Naar wigwam, vredespijp en boomerang
En naar de strijd van cowboys of piraten.

Dit teder licht verheldert de atmosfeer:
Morgen wellicht ontluiken de eerste blaren
En bouwen weer de vogels aan hun nest.

En ik begrijp, thans deftige meneer,
Hoe het geluk van de verloren jaren
Het enigste is dat mij ten slotte rest.

———•———

De Vlaamse dichter Jan van Nijlen was de grote favoriet van de zwierige
en onvergetelijke uitgever G.A. van Oorschot. Dit gedicht roept me een
mooi droevig liedje in herinnering dat Eartha Kitt zong: '... the very last
day of my youth: the day that the circus left town...'

LEO VROMAN
Mijn pop gaat dood

De grijze tijd drijft wolken voor zich uit
met lange handen die hun lijf omvatten,
door de purperwijde hemel, maar geen kooi omsluit
hun zuchten; van de ronde daken
glijden, kop omlaag, de nevelkatten,
dat de vodden ritselen en de balken kraken.

Op de stenen wangen van mijn pop
kruipt een barst naar de kristallen ogen.
Haar pruik gaapt dodelijk opzij en op
haar beide armen ligt een boek gebogen

Zij leest niet maar ligt starende te wachten
tot de barst haar ogen zal bereiken.
'Dit wordt wel een der allerlaatste nachten'
denkt ze en ze ligt te kijken
tot de eerste ster
in de hemel opbloeit, eenzaam,
en de barst is ver.

———•———

De tijd is een herder die uiteindelijk geen onderdak biedt. Bij 'ronde
daken' denk ik aan 'gebroken' daken, mansardedaken, door de nevel
enigszins afgerond. Leidt de ster de gedachten van de pop van haar
noodlot af, zodat de barst weer verder weg is van haar ogen? Of is die
barst juist al heel ver op weg naar de ogen toe?

JAN HANLO
Wij komen ter wereld
voor F.

Wij komen ter wereld, met rouw, uit de graven;
met rouw, die gepast is, omdat wij nog dood zijn.
Ons lichaam ontstond uit de grond en uit planten,
om eens te bereiken een veilige haven.

Een veilige haven: de schoot ener moeder,
waar 't woelig verleden, geleidlijk en langzaam,
eindlijk tot rust komt; ik dwaal in mijn vader.
In scheidende stromen voltrekt zich het leven.

Maar keren wij terug tot de plechtige rouwstoet:
De lijkwagen voert, met spannende riemen,
de paarden, rustig, tot vlak voor het sterfhuis.
De vrienden verspreiden zich, achterwaarts lopend.

Het sterfhuis? neen — laat het lééfhuis zijn naam zijn,
want, zij het met smarten, de dode ontwaakt hier,
geneest van zijn kwalen en vindt er zijn krachten,
aanvaardt er in ernst en in wijsheid de toekomst.

De daaglijkse taken, zij eisen hun deel op:
het breken van bruggen, het slopen der steden,
het maken van levende dieren, van vruchten,
en 't werk van penselen en blankmakend schrijfstift.

Verkwíkkend is veelal de arbeid, en sterkend.
Tóch nuttig, zoals het opvullen van mijnen:
het plaatsen van kolen en stinkende olie
waar ze behoren, diep in de aarde.

Maar 't édelste streven maakt moe en maakt hongrig.
En wat zou er edeler zijn dan het scheppen
van schone gewassen, uit vormloze stoffen,
van runderen, reeën en kleurige hoenders,

van vogels en honderden soorten van vissen,
en honderden soorten van planten en wezens,
die dan op hún beurt de natuur weer verrijken:
de stamloze wortels en stompen van halmen.

Gezeten aan tafel, met helder wit linnen,
baart onze mond, met stijgend genoegen,
vruchten, radijzen, volmaakt reeds van vormen;
maar soms moet het koelende vuur nog van dienst zijn.

De helende kogel, gezocht door geweren,
het trekkende mes, dat wel nimmer gefaald heeft,
verbindt lijf en leven; geen wetenschap is er
die ooit dit geheim een verklaring kon bieden.

Zo vullen de jaren zich met veel voortreflijks,
— en ook met veel lelijks, ik laat dit nu rusten.
Gaandeweg worden wij steeds meer harmonisch,
wanneer wij bereiken de tijd die men jeugd noemt.

De tijd van de jeugd, de tijd van de schoonheid.
Heldere stemmen, die openlijk roepen.
Blauwe ogen, of donkere ogen.
De tijd van de jeugd, wie zal haar beschrijven.

Voor 't leren vergéten, zorgen de scholen.
Zij brengen de blanke, rustige, plaatsen
in onze gedachten, zij leren ons lachen,
en eenzame spelen, eenvoudig bedreven.

Wij worden steeds kleiner,
wij varen henen.
Achter ons blijft een verlaten vlakte.

———•———

We hoeven de muziek van Schubert nóg niet te kennen om te weten dat het leven in wezen een droevige aangelegenheid is. De oorzaak van die droefenis is de onvermijdelijke gang van elke levensloop, van jong en sterk naar zwak en oud, van springlevend tot morsdood. 't Zou er allemaal heel wat vrolijker uitzien als we begonnen bij het einde en eindigden bij het begin: als de film van ons leven werd teruggedraaid.

Gods wijze liefde
Opvoeding in de Heer

J. A. dèr Mouw

Gods wijze liefde had 't heelal geschapen:
vol lente, net als de appelbomen bloeien;
weldadig-groen liet voor het vee Hij groeien
het gras, voor ons doperwtjes en knolrapen,

't varken om spek en ham, om wol de schapen,
om boter, kaas, melk, leer, vlees, been de koeien;
waar steden zijn, liet Hij rivieren vloeien;
het zonlicht spaarde Hij uit, als wij toch slapen.

De sterren schiep Hij, om de weg te wijzen
aan brave kooplui op stoutmoed'ge reizen;
Hij schiep kaneel, kruidnagels, appelsientjes,

het ijzer voor de ploeg, het hout voor huizen,
Hij schiep het zink voor waterleidingbuizen,
en 't goud voor ringen, horloges en tientjes.

———•———

In de eerste regel van dit gedicht over God als Nederlander doet de
verleden tijd 'had' een beetje aan als een 'irrealis', zoals kinderen die al
gebruiken: 'ik was vadertje en jij was moedertje', met andere woorden:
we weten wel dat het niet echt waar is. Maar 'had' duidt toch vooral
aan: 'zo zat de wereld vroeger voor mij in elkaar', nog net als in de
achttiende eeuw dus, toen Hieronymus van Alphen schreef:

> De boomen moeten bloeien,
> Om vrugten ons te geven;
> Dat doen zij in de lente.

De vrugten moeten groeien;
Dat doen zij in den zomer.
Men moet de vrugten plukken;
Dat doet men in het najaar.

   Dus moet gij, lieve kinders!
In alle jaargetijden
Gods wijze goedheid loven,
En wel te vrede wezen.

En voor den eten, 's middags, werd de zegen
gevraagd van 'Vader, die al 't leven voedt,'
en die zo trouw 'ons spijzigt met het goed,'
dat wíj wél 'van Zijn milde hand verkregen'.

Hij gaf de zon, en, als 't moest zijn, de regen;
en deden we onze plicht met vroom gemoed,
en leerden braaf, en waren altijd zoet,
Zou Hij ons leiden op al onze wegen.

En vlak na 't bidden praatte je niet hard:
't was of een heel fijn, een heel prachtig ding

rondom het eten over tafel hing;
en dankbaar was ik dan met heel mijn hart,

dat we zo prettig bij elkander zaten;
behalve 's maandags, als we zuurkool aten.

———·———

Het woord 'zuurkool' als wending in een gedicht: dat moet raar zijn
aangekomen in een tijd dat men in de poëzie nog niet huilde, maar
weende. De maandag was overigens om ook nog wel een andere reden
allesbehalve kindvriendelijk: het was dan wasdag en Theo Thijssen (*In
de ochtend van het leven*) beschrijft hoe je dan uit de buurt van een anders
toch zo zachtaardige moeder moest blijven om geen ram voor je kop op
te lopen van een zeepsophand.

   Hoezeer Dèr Mouw het christendom in strijd achtte met wat Jezus
Christus predikte, schemert door in het venijnige 'wíj wél'.

IDA GERHARDT
Het gebed
de grootouders

Drie maal per dag, naar vaste wetten,
nemen zij de eigen plaatsen in,
en gaan zich rond de tafel zetten;
van haat eendrachtig: het gezin.

De vader heeft het mes geslepen,
de kinderen wachten, wit en stil.
De moeder houdt haar bord omgrepen
alsof zij het vergruizelen wil.

Een grauw: dan vouwen zij de handen,
de disgenoten in het huis:
van tafelrand tot tafelranden
geschikt tot een onzichtbaar kruis.

———•———

De vermelding onder de titel is uiterst merkwaardig: een van die
kinderen was dus de vader of moeder van de dichteres. Zijzelf kent dit
grimmige christendom wellicht van verhalen of van foto's: een foto die
stem krijgt in een grauw?

GERRIT ACHTERBERG
Eben Haëzer

Besloten zaterdagavond bij ons thuis.
Mistvoeten liepen sluipend langs de schuur.
Er was geen ziel meer buiten op dat uur;
de blauwe boerderij een dichte kluis.

Daar woonden wij bijeen met man en muis.
Door koestalraampjes viel een richel vuur
uit goudlampen op deel, eeuwig van duur
en stil van lijnkoeken en hooi in huis.

Mijn vader celebreerde er de mis:
de koeien voeren, plechtig bij de koppen.
Hun tong krult om zijn handen als een vis.

Een schim, diagonaal tot in de nokken.
Godsdienst hing zwaar tegen de hanebalken.
Zijn aderen beginnen te verkalken.

'Eben Haëzer' is bijbels en betekent: 'tot hier heeft de Heer ons
geholpen.' Een boer die bij de familie Achterberg in de buurt woonde,
heeft eens verklaard dat het celebreren van de mis (merkwaardig
genoeg in dat gereformeerde milieu) een uitdrukking was voor het
voeren van de koeien, met lijnkoeken en water in de rol van brood en
wijn.
    De slotzin van het gedicht doet denken aan wat Jan Wolkers zich in
Terug naar Oegstgeest afvraagt: als vader er niet meer zal zijn, hoe zal het
dan toch met God moeten?

ELISABETH EYBERS
Opvoeding

Hy was haar vader, het haar opgevoed,
vermaan, vertroetel, weekliks bittersout
deur haar slukderm gedwing om die behoud
en heldermaking van haar siel en bloed;

geëis dat sy hardop vergiffenis vra
van sonde, haar onkunde ondermyn...
Nou luk dit haar byna om sonder pyn
die afkeer van haar eie kind te dra.

'Haar onkunde ondermyn' is heel puntig gezegd voor wat ik in
'Bruidslied' aldus omschreef:

> Zij ging school bij de nonnen. Zeer vrome,
> die haar geestelijk danig fouilleerden,
> en haar menige zonde leerden
> waar ze zelf nooit op was gekomen.

De vraag blijft wel: heeft het christendom dit de mensen aangedaan of
hebben de mensen dit het christendom aangedaan?

JAN EIJKELBOOM
Gedragen kleding (3)

Ik heb dat rare geloof
als een jasje uitgedaan.
Ik was nog maar veertien jaar
en voelde mij begenadigd,
als was er een wonder geschied.
Toch, zonder kleerscheuren
is het niet gegaan.
Later kwam het besef:
je bent voorgoed beschadigd,
te nauwer nood gered.

Ik trok geen jas uit
maar een huid en
moest het voortaan zonder doen,
moest achter een
— door de geest uit de fles —
snel opgetrokken rookgordijn
verdwijnen voor wie alles ziet,
ook al bestaat hij niet.

———•———

Het niet los kunnen komen van een godsdienst (in dit geval de
gereformeerde) en de daaruit voortvloeiende onderwerping aan Koning
Alcohol worden mooi onder woorden gebracht in dit gedicht, waarvan
het slot doet denken aan wat Hendrik de Vries in een bundel uit 1946
schreef om zíjn spoken te bezweren:

Zwijg, rakels die geen vuur doet roken:
Gij speelt een spel dat nimmer baat;
Gij ribbe en bonk, tot stof gebroken,
Gij schedeldak en ruggegraat,
Gij hersens, middenrif en knoken,
Lig stil. En gij, vervloekte spoken,
Gij weet toch dat gij niet bestaat.

JAN EIJKELBOOM
Gered

Op een nacht lag ik wakker en hoorde
mijn hart niet meer slaan.
Ik ging dus dood, niet uitverkoren
of wedergeboren. Ontdaan
dacht ik: voor eeuwig verloren.
Ik had, als ik kon, wel op willen staan
maar waarom zou ik mijn ouders storen?
Het was gedaan, het was gedaan.

'k Viel in slaap onder stil geschrei,
was bevreemd toen het ochtend werd.
Angst begon later te tanen,
vooral toen de meester eens zei:
bekeringen gaan gepaard met tranen.
Ik had gehuild, was dus gered.

———•———

De jongen gaat ervan uit dat je je ouders niet in hun slaap moet storen
met zulke kleinigheden als een verloren kind. Er staat 'als ik kon' en niet
'als ik gekund had', want de jongen weet niet of hij wel of niet op kan
staan: hij probeert het niet eens. Elders, in een interview, heeft
Eijkelboom heel wat mildere herinneringen opgehaald aan zijn ouders:
zijn vader, steil gereformeerd, nam in zijn autootje altijd een invalide
communist mee naar de gemeenteraad. Hij respecteerde die communist,
die immers net als hij 'een principiële man' was.

HIERONYMUS VAN ALPHEN
De verwelkte roos

Waarom verwelkt de roos zo ras?
Zei Jantjen: och of 't anders was!
God wierd ook, dunktme, meer geprezen
Zoo 't roosje langer bleef in wezen.

Al denktge, datge 't wel doorziet,
Mijn lieve Jan! het is zo niet.
De Schepper weet het best van allen,
Waarom 't zo schielijk af moet vallen;
En wil ook, datge gadeslaat,
Hoe ras het aardsche schoon vergaat.
De Schepper, dien 't ons past te vreezen,
Wordt door bedillen nooit geprezen.

———•———

Kinderen kunnen diep nadenken, over de dood, over de religie, over een
volmaakte God die een onvolmaakte wereld schiep. En ze komen soms
tot conclusies die de volwassene allerminst welgevallig zijn. Een
achttiende-eeuwse vader begon dan niet meteen te slaan, zoals de
vaders in de eeuwen daarvóór, maar trachtte zich er zo goed mogelijk
uit te draaien, niet zelden met het doekje voor het bloeden 'Gods wegen
zijn ondoorgrondelijk.' J.P. Heije vatte dit thema aldus op:

> Moeder, wat bloeijen de roosjes toch kort!
> Gistren, u weet het, hoe mooi dat ze stonden,
> 'k Had ze nog pas aan de stokjes gebonden, —
> Nu zijn de meeste verlept en verdord;

'— Liefje! 't heeft alles zijn beurt en zijn' dag,' zegt de moeder, die er al
evenmin raad mee weet.

Viel vandaag de toren om
De betoverde wereld

ANNIE M.G. SCHMIDT
De toren van Bemmelekom

In Bemmelekom, in Bemmelekom,
daar viel vandaag de toren om,
om vijf voor halfnegen.
De koster is aan het hollen gegaan
en als de koster dat niet had gedaan,
dan had hij warempel de torenhaan
nog op zijn kop gekregen.

Hoe is het gegaan? Hoe is het gegaan?
Er was toch geen storm en er was geen orkaan,
alleen maar een buitje regen.
Wat zeg je? Vanzelf? Och kom, och kom,
zo'n toren valt toch vanzelf niet om
en zeker niet die van Bemmelekom
om vijf voor halfnegen.

Maar zie je dat kleine jongetje staan?
Die heeft het gedaan! Die heeft het gedaan!
Die jongen z'n naam is Gerritje.
Hij schoot met z'n kattepult, rommelebom,
pardoes ineens die toren om,
die hele toren van Bemmelekom.
Hij deed het met een erretje.

Wat 'n ongeluk! Wat 'n ongeluk!
Daar is me die hele toren stuk,
van onderen en van boven!
Maar Gerritje zegt: Het was heus niet mijn schuld,
het ging zo vanzelf met die kattepult
en: of je hem niet verklappen zult...
Dat moeten we hem beloven.

Sssst... mondje toe!

———•———

De oecumenische toren, immers een mengeling van het katholieke
(Zalt)Bommel en het christelijke Bennekom is als een Goliath verslagen
door die kleine David met zijn kattepult. Diens verlegenheid met de
situatie is overigens wel degelijk naar het leven getekend: zelf heb ik als
kind eens een steen over een schutting gegooid en zág al in de krant
staan: BABY GEDOOD DOOR VALLEND GESTEENTE en mijn schuldgevoel nam haast
dezelfde proporties aan als wanneer ik een bananeschil op straat had
zien liggen en had verzuimd hem op te ruimen. Weer die krant: BLINDE NA
VAL OVER BANANESCHIL NU OOK VERLAMD.

Heinrich Hoffmann
De Geschiedenis van Soep-Hein

Hein was gezond gelijk een visch,
En dik en vet, — en rood en frisch;
Hij had een hongerige maag,
En elke spijs genoot hij graag;
Maar eens smeet Hein zijn lepel neêr,
En riep: 'Ik lust die soep niet meer!
'Loop met die nare soep maar heen!
'Ik wil geen soep meer eten! Neen!'

Dit gaf zijn ouders veel verdriet,
Maar ander eten kreeg hij niet;
Zoodat hij reeds den tweeden dag
Veel magerder en bleeker zag; —
En weêr smeet Hein zijn lepel neêr,
En riep: 'Ik lust die soep niet meer!
'Loop met die nare soep maar heen!
'Ik wil geen soep meer eten! Neen!'

Den derden dag, o, lieve tijd!
Toen zag hij geel van magerheid,
Maar toch kreeg hij zijn soepbord weêr,
En ziet, — hij smeet den lepel neêr,
En riep ook voor den derden keer:
'Och, moeder! 'k lust die soep niet meer!
'Loop met die nare soep maar heen!
'Ik wil geen soep meer eten! Neen!'

De stijfkop was den vierden dag
Zoo dun gelijk een spinnerag;
Hij woog niet zwaarder dan een lood;
En op den vijfden was hij — dood!

———•———

Piet de Smeerpoets ofwel *Der Struwwelpeter* (1844) van de Duitse arts
Heinrich Hoffmann heeft bij de pedagogen door de jaren heen weinig
waardering ondervonden, maar bij de kinderen des te meer. Want bij
hen 'dwingt de figuur van Soep-Hein bepaald bewondering af voor het
feit dat hij zichzelf liever doodhongert, dan dat hij zijn bordje soep leeg
eet' en 'al zijn de volwassenen in dit boek verstandig en hebben zij het
gelijk indrukwekkend aan hun zijde, toch vormt de onkwetsbare en
consequente eigenzinnigheid van de kinderlijke personages een bron
van verwondering en heimelijk genoegen' (Tom Baudoin in *Bzzlletin*
161/162: december 1988/januari 1989).

De vertaling van het hier opgenomen gedicht is van W.P. Razoux.

Lévi Weemoedt
De Waterman

Geen kleuterschool zag ooit zo'n zoete jongen
als ik: ik vocht niet, brak geen ruit;
'k zat aan mijn tafeltje als alle and'ren sprongen
en prikte dag aan dag hetzelfde eendje uit.

Maar als ik klaar was en het eendje lag, gescheiden
van 't blijde waterleven, doodsbleek in mijn hand,
dan weende ik bitter om dit aangerichte lijden
en 'k dacht: heeft Blijheid steeds zo'n zwarte binnenkant?

Om tien voor vier renden mijn tijdgenoten
dwars door de schooldeur heen, op weg naar Vrolijkheid;

ik zat nog 's avonds laat, door werksters ingesloten,
snikkend het eendje terug te stoppen in zijn bijt.

P S
O, 'k zag de juffrouw heus wel op haar voorhoofd tikken,
maar 'k vroeg de dag erna tóch of ik weer mocht prikken!

———•———

In de meeste kinderlevens heeft de legpuzzel een voorloper: een vrolijke
afbeelding waar je hele huisjes en beestjes uit kunt halen, die aan
spijkertjes vastzitten. Een mooie vondst in verband met eenden is die
'bijt', voor het zwarte vlak dat ontstaan is als het eendje uit de puzzel is
genomen.

Alfred Kossmann
Huilliedjes, 8

Ze hebbe elke dag stront.
Me vader seg dat me moe
de schille kook door de piepers
en dat is ongesond
en me moe seg
dat ze ze niet weg kan smakke
want dat is sleg
as der mense zijn die der na ópsnakke
en me vader seg dat het zen reg
is om goed te vrete
en dat tie het anders verdomt
en me moe seg dat tie dat zal wete.

———•———

Invloed of toeval? Dit kind doet heel erg denken aan zo'n Kruimeltje als Scheltema in *Ontmoeting* aan het woord laat. Carry van Bruggen heeft er eens op gewezen dat het weergeven van 'plat' taalgebruik vaak heel eigenaardig is: 'sente', alsof een beschaafd mens de c hier anders uitspreekt dan als een s. En 'schille' en 'mense', hierboven: dat zegt de koningin ook.

J.M.W. Scheltema
Ontmoeting

'k Ben een jongetje uit een heel arme straat,
En als je bij ons de trap opgaat,
Dan weet ik heel goed, dat de één-twee-drie-vier,
Dat de vijfde tree een beetje kraakt.
En als je bij ons naar beneden toe gaat,
Dan is het de één-twee-drie-vierde, die kraakt:
Da's dezélfde tree, maar dan net andersom;
Verder heb ik een zus, maar daar gééf ik niet om.
M'n vader is bakker, heeft moeder verteld,
Maar Keesie zegt, dat ie gewoon maar bestelt,
Maar Keesie is gek,
Keesie is m'n vrindje,
Z'n moeder heeft net weer een kindje,
Maar ònze kat heeft jongen,
En mijn moeder heeft 't aan d'r longen
En Keesie niet,
Keesie heeft geen kat;
Hij heeft wel een step en een vlieger gehad,
Maar die step is kapot,
Die reed tòch al rot,
En de vlieger heb ik,
Die heb ik geruild
Voor niets, en Keesie heeft eerst wel gehuild,
Maar ik heb 'm paar stompen gegeven
En toen is tie verder wel koest gebleven.
Ik mag Zondag naar de bioscoop
Of met vader naar boksen, als ik kranten verkoop.
Nou, hier woon ik, blijf nog even staan,

Dan zal ik vast de trap opgaan:
Da's één, da's twee, da's drie, da's vier,
Da's vijf, zie je wel, da's de tree die kraakt;
Ik moet ete, m'n moeder heeft hutspot gemaakt.

———·———

Rekenkundigen onder de lezers moeten maar eens uitrekenen hoeveel
treden de trap heeft: niet veel. Net als Hendrik de Vries in het gedicht
over 't oppakkershuis probeert Scheltema het praten van een kind na te
bootsen; het gooit alles op één hoop: de ziekte van de moeder en het
jongen van de kat.

HENDRIK DE VRIES

Daar is dat oppakkershuis, o wee.
Daar durf ik nooit aan de ramen tikken.
Dat is een huis voor de dieven: daar pikken
      Ze zomaar de kinder
      Op van de straten,
   Leren hun heel raar praten: —
Als je dat hoort moet je vaak erg schrikken.

Als ik gepakt werd, ik ging eerst mee,
Maar ik zou wel weten weg te lopen:
Ook van zo'n pakhuis blijft soms een deur open.
      Ik zou vast in minder
      Dan een paar weken
   Toch weer gewoon gaan spreken;
Ik pas ook niet bij doofstommerikken.

———•———

De dichter heeft hier het gebabbel van een klein meisje dat bij hem
achterop de fiets zat, zo nauwkeurig mogelijk weergegeven en er daarbij
een stevige versvorm aan verleend. Het kind kent de betekenis van
'pakhuis' niet, denkt dat het een huis is dat jou kan pakken of waar
mensen zijn die jou kunnen pakken. Om je dan het praten te verleren,
zodat je net zulke ongearticuleerde geluiden gaat uitbrengen als die
daar.

J.C. Noordstar
Gestolen kind

Hoe dikwijls zat ik niet op 't trapje van de wagen
en wenste gestolen te worden, blonde krullebol.
Geen kwam, maar de zon was vriendelijker dan ooit tevoren,
dat verdroeg ik niet en luid grienend liep ik weg.

Thans zou ik nog altijd gestolen willen worden als een herfstblad
          maar er
valt niets meer te stelen, hebben we juist vanmiddag uitgemaakt.
Wat is er aan ons nou te stelen, verdroogden,
waar het sap van kind zijn uit is verdampt en zoek geraakt.

———•———

Het gedicht is geheel in de traditie van Heinrich Heine en Piet Paaltjens
een mengeling van parodie (wie steelt er nou een herfstblad?) en ernst.
Het zich verloren voelen, juist dóór de vriendelijkheid van de omgeving,
is een glasheldere herinnering. Dat zigeuners kinderen zouden stelen, is
een oud verhaal waarvan ik niet weet of er ooit een volwassene geloof
aan heeft gehecht.

WILLEM DIEMER

De jongen gaat tastend, en neemt haar op schoot
die wakker ligt, met ogen groot.

Zo zitten ze samen aan de vensterbank:
zij graait in zijn haar, dat is haar dank.

En hij, van een vreemde vrees gekweld,
wijst in het donker, en vertelt, vertelt...

De deur naar de schuur vliegt eensklaps los:
de haard zet de muren in een flakkerblos,
hoor hoe de regen op de bakstenen slaat!

Wie is die gestalte die daar plotseling staat?
Wie ploft daar die vochtige zakken neer?

'Ben jij dat, vader? Is vader daar weer?'
Geen antwoord. Niets dan de storm in de nacht
en de stem van de kleine, die zachtjes lacht.

———•———

Als elfjarige eersteklasser van een lyceum was ik diep onder de indruk
van *Ballade der ontzetting*, zo in mijn eigen idioom ('vliegt los' in plaats
van 'vliegt open'), waarvan dit een fragment is. Dat kwam natuurlijk
ook doordat de dichter ons, in zijn eerste jaar als leraar, het gedicht zelf
voordroeg, tussen gedichten van de mateloos door hem bewonderde
Hendrik de Vries door. Mijn vader heeft indertijd nog de hele ballade in
drievoud voor de dichter overgetypt.

   Het jongetje heeft zijn kleine zusje op schoot genomen, dat nog niets
begrijpt van de verschrikkelijke verlatenheid waarin beiden zich
bevinden.

Ziek en moe naar mijn bedje gebracht,
Schrok ik wakker, diep in de nacht,
Nam van de tafel 't lampje in de hand,
Zette 't weer weg: 't was al uitgebrand;
Liep naar beneden, door niemand gezien.

Waar ik bij dag soms gasten bedien,
Schalen en schotels aan moet reiken,
Zitten zwarten die rovers of duivels lijken,
Poken, rakelen en rumoeren,
Schuiven gerei op geboende vloeren.

Dan wordt het stil; het gaat buiten sneeuwen.
Als ik dorst fluisteren, gillen of schreeuwen,
Zouden de wolven, beren, tijgers en leeuwen
Die voor de trap liggen te loeren
Zich zeker verroeren.

———•———

Mijn eerste leraar Nederlands, Willem Diemer, schreef naar aanleiding
van een ander gedicht van Hendrik de Vries de ook op dit gedicht zeer
toepasbare woorden: 'Haast iedereen is wel eens onder omstandigheden
van halfslaap — bijvoorbeeld na al een poos in bed te zijn geweest, maar
bang geworden door iets onbekends, opgestaan —, de huiskamer
binnengekomen bij het lamplicht of in de schemering, althans op een
tijdstip, dat deze een heel ander aanzien had gekregen dan toen we haar
verlieten, en heeft toen op soortgelijke wijze tegen de omgeving en de
mensen aangezien.'

   Een meisje van een Groningse basisschool duidde de 'rovers of duivels' als visite: rokend, drinkend en rumoerend. De wilde dieren in de gang waren volgens haar: van de kapstok gevallen jassen van diezelfde visite, griezelig genoeg om aan te raken met je blote enkels.

Lief en vriendelijk toch van zon en maan,
Overal met ons mee te gaan,
En dat bij deze winterkou;

Heel die lange lange stille laan
En zoveel sterren er achteraan!
Wij blijven staan — zij blijven staan.

Daar vallen vlinders, wit en blauw.
Waar komen die vandaan?

———•———

Ik zat nog niet op school en was verdwaald met een nog jonger vriendje,
dat steeds vroeg: 'Je weet de weg toch nog wel?' Opeens zag ik boven de
zwarte velden een bleke zon en een bleke maan aan de winterhemel
verkwijnen. Dat de maan ook overdag wel te zien is, wist ik nog niet. We
waren in een gruwelijke dag-nacht terechtgekomen waaruit geen
redding meer mogelijk was. En het vriendje maar vragen: 'Je weet de
weg toch nog wel?' Die vreemde gebeurtenis van heel vroeger vond ik
terug in dit gedicht.

J. SLAUERHOFF
Sterrenkind

Een sterrennacht op de wereld geworpen,
In sneeuw begraven door den wind,
Houthakkers brachten naar hun verre dorpen
Als een gevonden schat het sterrenkind.

Zij dachten hun vrouwen gelukkig te maken
Omdat zijn mantel van zilver was,
Maar zij moesten hem voeden en bij hem waken
Als was hij een kind van hun eigen ras.

Den mantel konden zij niet verkoopen,
Geen zilversmid geloofde er aan;
De pope wou den vondeling niet doopen,
Dat heidenkind gevallen van de maan.

Geen timmerman wilde hem laten werken,
Die teere prins, wat had men er aan?
De kosters joegen hem uit hun kerken,
Het heidenkind dat peinzend stil bleef staan.

En op een nacht is hij weer verdwenen;
Het dorp telde vele kinderen minder,
Terwijl opeens veel meer sterren schenen.
Het was zeven jaar geleden. En weer winter.

———•———

Ik herinner me als kind een verhaal te hebben gelezen, misschien in *Het boek voor de jeugd* of *Het nieuwe boek voor de jeugd*, over een kind dat van een ster was gekomen: het kon dwars door muren heen kijken en kwam meer van de mensen te weten dan hun lief was. Slauerhoff verbindt dit gegeven, wellicht een sprookjesmotief, met een ander sprookje: dat van de Rattenvanger van Hameln, die de ratten uit het stadje lokte en, toen de toegezegde beloning uitbleef, de kinderen. In de volksliederenverzameling *Des Knaben Wunderhorn* lezen we over die rattenvanger en de kinderen:

> Im Strome schweben Irrlicht nieder,
> Die Kindlein frischen drin die Glieder,
> Dann pfeifet er sie wieder ein,
> Für seine Kunst bezahlt zu sein.

Slauerhoffs gedicht heeft een merkwaardig, nukkig ritme, doorbroken door een andere 'maatsoort' aan het einde van de derde en van de vierde strofe. Waarom het opeens allemaal zeven jaar geleden was, daar zal de dichter zich niet het hoofd over gebroken hebben en daarom zullen wij dat ook maar niet doen.

J. SLAUERHOFF
Kindervrage

In den hemel staan de sterren
Als de kudden in de verre
Somber overwolkte heide,
Waar zij grazend zich verspreiden
Voor 't verschiet.

Hoe komt het dat zij niet verdwalen?
Wel is Maan een strenge herder,
Maar de hond die ze, als ze verder
Gaan dan mag, terug moet halen,
Is er niet.

Waarom gaan ze dan niet zoeken
Uit den hemel, in de hoeken
Van 't heelal, wat zich daarachter
Mag verschuilen, waar geen wachter
Hun verbiedt?

Waarom zijn ze bang gehoorzaam,
Blijven ze in kudde' er voor staan?
Als de maan met loome stralen
Hen toch wel niet in kan halen,
Waarom gaan ze dan niet dwalen,
Waarom niet?

———•———

Het komt allemaal mooi en muzikaal op zijn pootjes terecht in dit
gedicht, de enjambementen 'verder/gaan dan mag', 'daarachter/mag

verschuilen' en de bijzin in de bijzin aan het slot van strofe 2. Alles wordt opgevangen in die kordate korte slotregel van elke strofe, die door 't rijm ook nog de strofen *met elkaar* verbindt.

HENDRIK DE VRIES
Nocturne

Na mijn reis was 't huis verlaten,
'k Liep door welbekende straten
Als een vreemdling, — riep en riep,
Om van kelders, hol en diep,
Niets dan echo's op te jagen; —
Kon alleen mijn echo's vragen
Waar zij waren heengegaan,
Hoe ik verder moest bestaan,
Of misschien hun ziel hier zweefde, —
Of misschien 't klein dier nog leefde
Dat vertrouwlijk bij mij sliep.

———•———

Iedereen zal als kind wel zulke dromen gedroomd hebben: ikzelf liep ons
welbekende hekje door en het tegelpaadje over, maar in ons huis bleek
een vreemde vrouw te wonen. Maar Hendrik de Vries *beschrijft* in dit
gedicht geen droom, hij *droomde* het gedicht zelf, met als enige variant
'Toen ik weerkwam, na mijn reis, / Vond ik heel mijn huis verlaten.' Wat
een rijmloze regel oplevert in een gedicht waarin verder alle regels
rijmen. Uiteindelijk werd het rijmschema: aa bb cc dd ee b.
    De echo's ontstaan hier niet door het roepen, maar bestaan al, hoeven
alleen te worden opgeroepen, wakker geschud.

WILLIAM BLAKE
Een droom

Ik lag netjes in mijn bed,
maar ik droomde: het was net
of ik in een weiland lag
waar ik een bang miertje zag:

ach, ze wist de weg niet meer,
viel, stond op, en viel dan weer
over takjes of een blad
en ze zei: 'Het is me wat!

En mijn kinderen huilen maar
en hun vader zucht zo zwaar
en ze kijken vol verdriet
langs het pad en zien me niet.'

Op míjn wang was ook een traan.
Toen kwam er een glimworm aan.
'Hé!' riep hij, 'zo is 't genoeg,
want hier is de nachtwachtploeg:

Torrema die de ronde doet,
ik die hem bijlichten moet.
Heus, wij maken dat je gauw
thuiskomt, kleine miermevrouw!'

———•———

Door mij vertaald. Het gedicht is typerend voor de achttiende-eeuwse
aandacht voor het microscopisch kleine. Het luidt in het Engels:

A dream

Once a dream did weave a shade,
O'er my Angel-guarded bed,
That an Emmet lost it's way
Where on grass methought I lay.

Troubled wildered and forlorn
Dark benighted travel-worn,
Over many a tangled spray
All heart-broke I heard her say.

O my children! do they cry
Do they hear their father sigh.
Now they look abroad to see,
Now return and weep for me.

Pitying I drop'd a tear:
But I saw a glow-worm near:
Who replied. What wailing wight
Calls the watchman of the night.

I am set to light the ground,
While the beetle goes his round:
Follow now the beetles hum,
Little wanderer hie thee home.

Tijd vliegt
Op weg naar volwassenheid

HARRIE GEELEN
Tijd vliegt

Kind:
Ik had mijn poppen op de plank gelegd.
Ik had mijn opa goedenacht gezegd.
Mijn moeder kwam, die het venster sloot.
Mijn nachtpon werd te klein. Ze zei 'Wat word je groot!'

Ik zei, 'Ik kan de wijzers van de toren zien.
Als ik op mijn tenen sta, zie ik de tien.
En laat de deur maar niet open staan.
Ik kan voortaan gerust alleen naar boven gaan.'

Allemaal:
Tijd vliegt... Tijd vliegt... Tijd vliegt... Tijd vliegt...

Bertram:
Ik ruik de bomen op het stille plein.
De maan 'n schijf, ik in het raamkozijn.
Het rauwe lachen in een verre kroeg.
En alle dingen die ik stiekem aan de sterren vroeg.

Allemaal:
Tijd vliegt... Tijd vliegt... Tijd vliegt... Tijd vliegt...

Loekie:
Waar is de dag van gisteren
op een morgen als vandaag?
De dingen die je miste en
Loekie & Bertram:
de dingen die je ó zó graag...

Allemaal:
Tijd vliegt en ik houd de tijd
niet met mijn dromen bij
Loekie:
dus sla je armen om me heen
Loekie & Bertram:
en slijt de tijd met mij.

Kind:
Mijn moeder zei, 'Ach Jee, wat word je groot!'
Ik weet nog wat ik dacht toen ik mijn ogen sloot:
morgen krijg ik een vuurrood lint,
een lint waar ik mijn haren mee naar boven bind.

Allemaal:
Tijd vliegt... Tijd vliegt... Tijd vliegt... Tijd vliegt...
Tijd vliegt... Tijd vliegt... Tijd vliegt... Tijd vliegt...

———•———

Dit is een liedje uit de prachtige KRO-televisieserie *Kunt u mij de weg naar Hamelen vertellen, meneer?* van duizendpoot Harrie Geelen (schilder, illustrator, tekenfilmanimator, amateur-componist en beroepsschrijver) en componist Joop Stokkermans. Harrie is er nooit voor teruggeschrokken om voor kinderen gevoelsmatig uiterst gecompliceerde dingen te schrijven, zoals dit couplet:

> Ik stuur een boze brief aan jou.
> Je hebt me lang alleen gelaten.
> En nu ik niet meer van je hou,
> Wil ik nog één keer met je praten.

N.A. VAN CHARANTE
Was ik maar wat kleiner
Jongensklacht

Altijd langer, groter worden!
Nooit is mij mijn broek van pas.
Kwam er maar een eind aan 't groeien!
'k Wou, dat ik wat kleiner was!

'k Heb er in de school zo'n last van:
't Is: 'wel, weet je dat nog niet? —
Al zo groot, en dan niet wijzer!'
Is ook daar het oude lied.

Onlangs hadden wij vakantie,
En papa moest juist op reis;
Graag had hij mij meegenomen;
Maar het liep te duur in prijs.

WILLEM van hier naast is ouder,
't Scheelt voor 't minst een maand of acht,
Maar betaalt, omdat hij klein is,
Op de stoomboot halve vracht. —

'k Moest — ik dacht: 'een prettig daagje!' —
Laatst bij tante SAAR op thee;
Maar wat liep het aklig tegen,
't Viel mij in 't geheel niet mee.

'k Mocht er bij de heren zitten,
'k Maakte daar zo'n mal figuur,
'k Liep er, als een boodschapsjongen,
Met een pijp, tabak en vuur.

''t Is plezierig!' sprak mijn tante,
''t Geeft gemak in 't huisgezin,
Als de kinders groter worden!' —
'k Vond er niets plezierigs in.

'Een sigaartje?'... Tante zag het,
Hoe ik er naar grijpen dorst.
Aanstonds kwam de *contra orde*:
''t Is nadelig voor zijn borst!'

'Dertien jaren?' hoorde ik zeggen,
'Hoe! nog dertien jaren pas!...'
'k Werd door iedereen bekeken,
Of ik een giraffe was.

En het trommeltje met lekkers
Ging slechts bij de dames rond.
'k Was te groot voor bitterkoekjes,
't Zoet was schaadlijk voor mijn mond.

'k Mocht mij zelfs niet vrij bewegen,
Of het was: 'zit niet zo schuin!'
Was ik maar bij Piet en Willem,
En bij Gerrit in de tuin!

Maar dan zou het ook weer wezen:
'Lummel! waar kom jij vandaan? —
Ooievaar met lange poten!
Wil je op onze stelten staan!'

'k Word door ieder uitgelachen,
Waar ik ook mijn benen zet.
'k Ben te klein voor tafellaken,
En te groot voor een servet.

Terwijl ik schreef voor de *Stratemakeropzee Show*, leidde ik op de Gemeentelijke Universiteit van Amsterdam een werkgroep voor kinderliteratuur. Op een dag kwam een van de studenten trots en blij met een gedicht aanzetten dat in verkorte vorm zo in dat televisieprogramma gepast had, waar we er immers op uit waren de kinderen een hart onder de riem te steken alleen al vanuit de gedachte 'ik ben de enige niet die daaronder lijdt'. We meenden een dichter herontdekt te hebben en ik las de vele bundeltjes door die de Universiteit van Amsterdam van N.A. van Charante bleek te bezitten. Maar ik trof er geen tweede gedicht aan dat zo dicht bij kinderen staat als dit.

WILLEM WILMINK
De voorkant

Als een jongen wordt geboren,
is zijn lichaam kant en klaar.
Alles moet alleen nog groeien,
hier en daar komt nog wat haar.
Als een meisje wordt geboren,
is 't een moeilijker geval:
niemand kan haar nog vertellen
hoe haar voorkant worden zal.

Rond of spits of groot of klein,
dat zal een verrassing zijn.
Net zoveel als Beatrix
of misschien wel bijna niks.
Ach, de tijd zal moeten leren
of 't op appels lijkt of peren.

Als je in de klas een beurt krijgt
en je staat dus voor het bord,
zie je jongens zitten gluren
of het misschien al wat wordt.
's Avonds kijk je in de spiegel,
heel onzeker ben je dan,
bijna roep je: een, twee, drie, vier,
komt er nog wat van?

Rond of spits of groot of klein,
dat zal een verrassing zijn.
Net zoveel als Beatrix
of misschien wel bijna niks.
Ach, de tijd zal moeten leren
of 't op appels lijkt of peren.

Als het zover is gekomen,
zul je denken, vroeg of laat,
dat je met totaal verkeerde
borsten door het leven gaat.
Hoe ze ook zijn uitgevallen,
jij vindt, dat er wat aan scheelt.
Ook als iemand is gekomen
die ze mooi vindt? En ze streelt?

ANNIE M.G. SCHMIDT
Erwtjes

Toen ze een meisje was van zeventien
moest ze een hele middag erwtjes doppen
op het balkon. Ze wou de teil omschoppen.
Ze was heel woest. Ze kon geen erwt meer zien.

Toen ging ze maar wat dromen, van geluk,
en dat geluk had niets van doen met erwten
maar met de Liefde en de Grote Verte.
Dat dromen hielp. Het scheelde heus een stuk.

En dat is meer dan vijftig jaar terug.
Ze is nu zeventig en heel erg fit
en altijd als ze 's middags even zit,
mijmert ze, met een kussen in de rug,

over geluk en zo... een beetje warrig,
maar het heeft niets te maken met de Verte
en met de Liefde ook niet. Wel met erwten,
die komen altijd weer terug, halsstarrig.

Ach ja, zegt ze. Ik kan mezelf nog zien,
daar in mijn moeders huis op het balkon,
bezig met erwtjes doppen in de zon.
Dat was geluk. Toen was ik zeventien.

———•———

Dit gedicht is niet alleen omarmend (abba) in het rijmschema per strofe,
maar ook omarmen strofe 1 en 5 de middelste drie strofen en omarmen
strofe 2 en 4 de strofe in het midden:

strofe 1: A b b A
strofe 2: c D D c
strofe 3: e f f e
strofe 4: g D D g
strofe 5: A h h A

Een bouwwerk van een classicistische symmetrie, passend bij de inhoud van het gedicht, dat immers over de kringloop van het leven gaat.

Meisje

Wanneer zal dan die heimelike pijn,
die niemand weet of weten zal, ten einde zijn?
Wanneer zal ik me moeten verbergen, zeer timied,
en schuchter doen, omdat een man mijn naaktheid ziet?
En wanneer zullen beter sterkre handen
m'n schouders omvatten en mijn lijf strelen,
als ik, 's avonds, van verlangen moe,
alvorens slapen gaan, wel doe.
(Dan ben ik naakt en mijn naaktheid wiegel
ik vóór de zacht-belichte spiegel, —
de elektriese lamp is gehuld in een zijde-bloedrode bloem. —)
Ik wacht en voel 't immense van mijn leed,
wijl ik slechts vaag weet mijn leven inkompleet.

———•———

Portretten van meisjes rond de zestien, je vindt ze van Paul van Ostaijen
tot Paul van Vliet en ook bijvoorbeeld bij de grote Russische schrijver
Tsjechow, wiens verhaal *Na de schouwburg* aldus begint:

'Toen Nadja Zelenina met haar moeder uit de schouwburg thuiskwam,
waar zij een voorstelling van *Jewgeni Onegin* had gezien, trok zij zich
meteen op haar kamer terug, deed snel haar jurk uit, maakte haar
vlecht los en ging alleen met een rok en een wit blousje aan gauw aan
tafel zitten om net zo'n brief te schrijven als Tatjana had gedaan.
   "Ik houd van u," schreef ze. "Maar u hebt mij niet lief, nee, u hebt mij
niet lief!"
   Toen zij dat op papier had gezet, begon zij te lachen.
Zij was pas zestien jaar en had nog nooit haar hart aan iemand
verloren.'

Driek van Wissen
Middelbaar onderwijs

Het mooiste meisje van de klas
verschikt onwennig bij haar schouder
een bandje van haar bustehouder;
ze draagt dat rare ding maar pas.

De meester, achter brilleglas,
ziet toe, ontroerd, en denkt: 'Wat zou d'r
gebeuren als zij tien jaar ouder
en ik eens tien jaar jonger was?'

Ach, hij vergeet hoe hij verdorde
en hoe haar leven net begint.
In stilte wordt door hem bemind
de schone vrouw, die zij zal worden.

Dan praat ze wat, het lieve kind,
en streng roept hij haar tot de orde.

Hadde ic ghedaen mijns moeders raet,
Ic waer wel maecht ghebleven.
Nu hebbe ic sinen wille ghedaen:
Mijn buycxken is mi opgheresen.
Ende nu so is hi mi ontgaen
Ende gaet elwaerts spelen.
Des moet ic laten so menighen traen,
Ic en cans u niet gehelen, gehelen.

———•———

Dit kind dat geen kind meer is en toch ook nog wel is aan het woord in
een liedje in *Een Schoon Liedekens-Boeck* van 1544, beter bekend onder de
titel *Het Antwerps Liedboek*. Had ik maar naar mijn moeders raad
geluisterd, dan was ik maagd gebleven. Nu heb ik zijn wil gedaan en is
mijn buik gaan zwellen en hij vertrok en 'gaat elders spelen'. Dat ik daar
heel wat tranen om laat, dat kan ik je niet verhelen.

Niet zonder stap voor stap het oor te lenen
en zich bij elk gerucht te vergewissen:
't is niets; sluipt, na een gang vol hindernissen,
de jongen in zijn nachtgoed op de tenen
de deur in waar zijn zuster slaapt. Verdwenen
is alle vrees de zekerheid te missen
zijn schat bewaard te zien in duisternissen.
Hij zit een wijl aan 't bed, en sluipt weer henen.

't Horloge op tafel, de gevouwen kleren,
de schoolschriften onder de lamp geopend,
wachten totdat de jongen weer zal keren.

Hij zal zich kleden, heen en weder lopend,
hij zal neerzitten, en, zijn pen indopend,
een marschlied neuriënde gaan studeren.

———•———

In dit gedicht uit *Voor dag en dauw* gaat een jongen 's ochtends kijken of
zijn zusje er nog wel is, om na dat ritueel als een triomfator, als Kees in
de laatste zinnen van *Kees de jongen*, een mars te neuriën. Eerst stond er:
'al neuriend, zijn hemdsmouwen opstropend, / het marschlied waar ze
Zondag bij marcheren.' Daarin is heel wat verbeterd, want wat hadden
we in dit gedicht met die padvinderij of andere vereniging te maken
waar de jongen mee uit marcheren ging? Voor 'de zekerheid te missen'
stond er eerst 'dit oogenblik te missen' en hoewel dat grammaticaal wat
wrikt, lijkt het me minder ingewikkeld dan wat er uiteindelijk kwam te
staan.

J. A. dèr Mouw

Dan denk ik aan 't konijntje, dat ik zag
als kind vóór Sint Niklaas achter het glas
van dure speelgoedwinkel. O! dat was
zo'n prachtig beestje, grijs en wit; het lag

gezellig in zijn mandje in mooi-groen gras;
en als 'k van school kwam, bleef ik iedre dag
staan kijken, bang, dat 't weg zou zijn. En, ach!
eens wás het weg; en toen begreep ik pas,

dat ik toch heimlijk steeds was blijven hopen,
dat ik 't zou krijgen. Thuis heb 'k niet gepraat
over 't konijntje, maar 'k wou niet meer lopen,

omdat 'k dan huilde, aan die kant van de straat.
Nu zou 'k me zo'n konijntje kunnen kopen,
maar 'k word zelf grijs. Want alles komt te laat.

Verantwoording

— Bertus Aafjes (1914-1993), p. 163
De Tooverfluit: Vrij bewerkt naar *Des Knaben Wunderhorn.*
Contact, Amsterdam zonder jaar, p. 84/85

— Gerrit Achterberg (1905-1962), p. 179
Verzamelde gedichten. Querido, Amsterdam 1972[4], p. 951

— Hieronymus van Alphen (1746-1803), p. 184
Proeve van kleine gedigten voor kinderen. Ed. Diduïnke van Delft e.a.
Thomas & Eras, 's-Gravenhage 1978, p. 81

— Anoniem, p. 119, 138, 222
E. de Coussemaker, *Chants Populaires des Flamands de France.*
Gand 1856. Fotografische herdruk, Werkgroep Malegijs,
Kemmel/Steenvoorde 1976, p. 100/101
Het Antwerps Liedboek. Ed. K. Vellekoop e.a. Twee delen.
Vereniging voor Nederlandse muziekgeschiedenis, Amsterdam
1972, I p. 162
Karel Jonckheere, *Groot verzenboek voor al wie jong van hart is.*
Lannoo, Tielt/Amsterdam 1978, p. 405/406

— Anton Beuving (geb. 1902), p. 113
Willem Wilmink, *Van Roodeschool tot Rijsel*: Een persoonlijke kijk
op het Nederlandse lied. Bert Bakker, Amsterdam 1988, p. 52/53

— William Blake (1757-1827), p. 206
The Complete Poems. Ed. Alicia Ostriker. Penguin Books,
Harmondsworth 1985[5], p. 115/116
Willem Wilmink, *Ze zeggen dat de aarde draait.* Bert Bakker,
Amsterdam 1988, p. 36

— Remco Campert (geb. 1929), p. 91
Rechterschoenen: gedichten. De Bezige Bij, Amsterdam 1992,
p. 10-12

— N.A. van Charante (1811-1873), p. 213
C.J. Aarts, M.C. van Etten, *Alles in de wind*: De bekendste
kinderversjes van vroeger. Bert Bakker, Amsterdam 1993,
p. 90-92

— Jules de Corte (geb. 1924), p. 142
Van Roodeschool tot Rijsel, p. 27

— T. van Deel (geb. 1945), p. 156
Strafwerk. Em. Querido, Amsterdam 1969, p. 13

— Jules Deelder (geb. 1944), p. 39, 50
Interbellum. De Bezige Bij, Amsterdam 1987, p. 66-67

— Willem Diemer (1922-1994), p. 197
Ballade der Ontzetting en andere gedichten. Stabo/All-round,
Groningen zonder jaar, p. 13-14

— Anthonie Donker (1902-1965), p. 54, 134
De einder. Van Loghum Slaterus, Arnhem zonder jaar, p. 50-51

— Hans Dorrestijn (geb. 1940), p. 51
Huiselijke omstandigheden: Liederen van wanhoop en ongeloof.
Bert Bakker, Amsterdam 1986, p. 64-65

— Elisabeth Eybers (geb. 1915), p. 41, 48, 95, 135, 180
Versamelde gedigte. Querido/G.A. van Oorschot, Amsterdam
1990, p. 59, 62, 75, 173, 288. Vertaling in Wilmink, *Ze zeggen dat
de aarde draait*, p. 44

— Jan Eijkelboom (geb. 1926), p. 181, 183
Wat blijft komt nooit terug. De Arbeiderspers, Amsterdam 1980³,
p. 26, 52

— Henk Fedder (1890-1979), p. 121
Geuzenliedboek 1940-1945. Zonder de namen van samenstellers
en auteurs, zonder uitgeversnaam, plaats en jaar, p. 61

— Harrie Geelen (geb. 1939), p. 211
typoscript van de auteur

— Ida Gerhardt (geb. 1905), p. 74, 157, 178
De ravenveer. Athenaeum-Polak & Van Gennep, Amsterdam
1970, p. 6, 23
Verzamelde gedichten. Athenaeum-Polak & Van Gennep,
Amsterdam 1985, p. 232

— Liselore Gerritsen (geb. 1937), p. 158
Je kunt niet alles hebben. De Fontein, Baarn 1991, p. 51-53

— J.J.A. Goeverneur (1809-1889), p. 26
Alles in de wind, p. 33-34

— Herman Gorter (1864-1927), p. 79, 89
Mei: Een gedicht. Ed. E. Endt, Willem Wilmink. Bert Bakker,
Amsterdam 1989, p. 41, 141

— Jacob Israël de Haan (1881-1924), p. 97
Verzamelde gedichten, II. G.A. van Oorschot, Amsterdam 1952,
p. 390

— Jan Hanlo (1912-1969), p. 69, 74, 170
Verzamelde gedichten. G.A. van Oorschot, Amsterdam 1970,
p. 26-28, 71, 87

— F.L. Hemkes (1854-1887), p. 143
Dirk Coster, *Het kind in de poëzie*. Van Loghum Slaterus, Arnhem 1935, p. 186-188

— Judith Herzberg (geb. 1935), p. 30
Dagrest. G.A. van Oorschot, Amsterdam 1987[3], p. 18

— J.P. Heije (1809-1876), p. 19, 24, 31
Al de kinderliederen. P.N. van Kampen, Amsterdam 1861, p. 32, 46, 97

— Heinrich Hoffmann (1821-1899), p. 189
Piet de Smeerpoets: Een aardig prentenboek met leerzame vertellingen. Vertaling: W.P. Razoux. Heruitgave A.W. Bruna & Zoon, Utrecht/Antwerpen 1977, p. 25

— Harrie Jekkers, p. 152
typoscript van de auteur

— Freek de Jonge (geb. 1944), p. 109, 131
Iets rijmt op niets: Verzamelde liedjes 1967-1990. De Harmonie, Amsterdam 1990, p. 74-75, 148-149

— Alfred Kossmann (geb. 1922), p. 192
Gedichten 1940-1965. Em. Querido, Amsterdam 1969, p. 30

— Ed Leeflang (geb. 1929), p. 70
De hazen en andere gedichten. De Arbeiderspers, Amsterdam 1979, p. 45

— C. Louis Leipoldt (1880-1947), p. 122
Dirk Coster, *Het kind in de poëzie*, p. 189-190

— J.H. Leopold (1865-1925), p. 80
Verzen/Fragmenten. Ed. P.N. van Eyck, Johan B.W. Polak. Brusse/ Van Oorschot, zonder plaats 1951, p. 58

— Kath. Leopold, p. 17
Alles in de wind, p. 124-125

— Hans Lodeizen (1924-1950), p. 65
Het innerlijk behang en andere gedichten. G.A. van Oorschot, Amsterdam 1956³, p. 161

— Virginie Loveling (1836-1923), p. 111
Niets is ons onbeduidend: bloemlezing uit de gedichten van Rosalie en Virginie Loveling. Ed. A. van Elslander. Heideland-Orbis NV, Hasselt 1978³, p. 55

— Lucebert (1924-1994), p. 46
Poëzie is kinderspel. Ooievaar, Bert Bakker/Daamen NV, Den Haag 1968, p. 107

— Willem de Mérode (1887-1939), p. 76
Verzamelde gedichten. Twee banden. De Prom, Baarn 1987, p. 408

— Ischa Meijer (geb. 1943), p. 151
Mijn lieve ouders, Prometheus, Amsterdam 1994, p. 5

— M. Moussorgsky (1839-1881), p. 33
Willem Wilmink, *Moet worden gevreesd dat het nooit bestond?* Bert Bakker, Amsterdam 1990, p. 38

— J.A. dèr Mouw (1863-1919), p. 85, 87, 88, 175, 177, 224
Volledig dichtwerk. Ed. H. van den Bergh e.a. G.A. van Oorschot, Amsterdam 1986, p. 75-77, 457-458, 466

— Martinus Nijhoff (1894-1953), p. 44, 56, 58, 71, 124, 149, 223
Verzamelde gedichten. Ed. W.J. van den Akker, G.J. Dorleijn. Bert
Bakker, Amsterdam 1990, p. 53-54, 57, 120-121, 260, 263,
303-305, 347-348, 391

— Jan van Nijlen (1884-1965), p. 168
Jonckheere, *Groot verzenboek*, p. 382

— J.C. Noordstar (1907-1987), p. 139, 196
De zwanen en andere gedichten. Em Querido, Amsterdam 1967,
p. 34, 38

— Paul van Ostaijen (1896-1928), p. 220
Verzameld werk, Poëzie I. Ed. Gerrit Borgers. Bert Bakker/Daamen
NV, C. de Vries-Brouwers, Den Haag/Antwerpen 1963, p. 114

— E. du Perron (1899-1940), p. 167
Verzamelde gedichten. Contact, Amsterdam/Antwerpen zonder
jaar, p. 64

— Adriaan Poirters (1605-1674), p. 21
Dirk Coster, *Het kind in de poëzie*, p. 101-102

— Henriëtte Roland Holst-van der Schalk (1869-1952), p. 42
De nieuwe geboort. W.L. & J. Brusse, Rotterdam, 1918⁴, p. 125-126

— J.M.W. Scheltema (1921-1947), p. 29, 141, 193
Chansons, gedichten en studentenliederen. Ed. L.Th. Lehmann. G.A.
van Oorschot, Amsterdam zonder jaar, p. 26-27, 38-39

— Annie M.G. Schmidt (geb. 1911), p. 63, 187, 218
Tot hier toe: Gedichten en liedjes voor toneel, radio en televisie
1938-1985. Em. Querido, Amsterdam 1986, p. 324-326

Ziezo: de 347 kinderversjes. Em. Querido, Amsterdam 1987,
p. 115

— Koos Schuur (geb. 1915), p. 53
Herfst, hoos en hagel. De Bezige Bij, Amsterdam 1947², p. 49

— J. Slauerhoff (1898-1936), p. 201, 203
Verzamelde gedichten. Twee banden. Nijgh & Van Ditmar,
's-Gravenhage/Rotterdam 1963⁷, p. 262-263

— Kees Stip (geb. 1913), p. 165
Au! De rozen bloeien: Sonnetten van bedreigd geluk. Bert Bakker,
Amsterdam 1983, p. 45

— Chrétien de Troyes (± 1135-± 1190), p. 101
typoscript van Willem Wilmink, waarin gebruik gemaakt is van
kritische opmerkingen van prof. Wim Gerritsen

— M. Vasalis (geb. 1909), p. 55, 83, 95, 133
De vogel Phoenix. G.A. van Oorschot, Amsterdam 1961, p. 9
Vergezichten en gezichten. G.A. van Oorschot, Amsterdam 1975,
p. 27, 36, 57

— Wannes van de Velde (geb. 1937), p. 107
Kollektief internationale nieuwe scene, *Liederen en ballades.*
Antwerpen zonder jaar, p. 20-21

— René Verbeeck (geb. 1904), p. 27
Jonckheere, *Groot verzenboek*, p. 102-103

— Joost van den Vondel (1587-1679), p. 136
Bloemlezing uit Vondels lyriek. Maria A. Schenkeveld-van der
Dussen. Thieme & Cie, Zutphen zonder jaar, p. 61-62

— Hendrik de Vries (1896-1989), p. 81, 90, 195, 198, 200, 205
Verzamelde gedichten. Eindredactie Jan van der Vegt. Bert Bakker,
Amsterdam 1993, p. 109, 631, 698, 700, 706, 707, 898, 1604

— Leo Vroman (geb. 1915), p. 169
126 gedichten. Em. Querido, Amsterdam 1966, p. 11

— Julius P. Vuylsteke (1836-1903), p. 106
Van wevers en fabrikanten. Brochure van de Onderwijswerkgroep
Textielgeschiedenis Tilburg. Interne publikatie, zonder jaar

— Karel Waeri (1842-1898), p. 104
Jaap van de Merwe, *Gij zijt kanalje, heeft men ons verweten!*: Het
proletariërslied in Nederland en Vlaanderen. A.W. Bruna &
Zoon, Utrecht/Antwerpen 1974, p. 145

— Lévi Weemoedt (geb. 1947), p. 191
Van Harte Beterschap. Bert Bakker, Amsterdam 1982, p. 120

— Willem Wilmink (geb. 1936), p. 35, 67, 161, 166, 216
Ik snap het: Liedjes voor jonge kinderen. Bert Bakker, Amsterdam
1993, p. 45, 67, 73, 110
Verzamelde liedjes en gedichten tot 1986. Bert Bakker, Amsterdam
1992[4], p. 397-398

— Driek van Wissen (geb. 1943), p. 221
De volle mep: Gedichten 1978-1987. Bert Bakker, Amsterdam
1987, p. 7

— Leendert Witvliet (geb. 1936), p. 154
Misschien heet ze niet Suzan. Bert Bakker, Amsterdam 1989, p. 9